华南师范大学"十四五"规划政治学与行政学国家一流学科建设专著系列

善治

公益慈善与中国国家治理现代化的路径选择

唐昊 著

暨南大学出版社
JINAN UNIVERSITY PRESS

中国·广州

图书在版编目（CIP）数据

善治：公益慈善与中国国家治理现代化的路径选择／唐昊著. —广州：暨南大学出版社，2024.11

（华南师范大学"十四五"规划政治学与行政学国家一流学科建设专著系列）

ISBN 978 - 7 - 5668 - 3926 - 8

Ⅰ. ①善…　Ⅱ. ①唐…　Ⅲ. ①慈善事业—关系—国家—行政管理—现代化管理—研究—中国　Ⅳ. ①D632.1 ②D630.1

中国国家版本馆 CIP 数据核字（2024）第 099501 号

善治——公益慈善与中国国家治理现代化的路径选择

SHANZHI——GONGYI CISHAN YU ZHONGGUO GUOJIA ZHILI XIANDAIHUA DE LUJING XUANZE

著　者：唐　昊

出 版 人：阳　翼

策　　划：黄圣英

责任编辑：颜　彦

责任校对：刘舜怡　王燕丽

责任印制：周一丹　郑玉婷

出版发行：暨南大学出版社（511434）

电　　话：总编室（8620）31105261
　　　　　营销部（8620）37331682　37331689

传　　真：（8620）31105289（办公室）　37331684（营销部）

网　　址：http://www.jnupress.com

排　　版：广州尚文数码科技有限公司

印　　刷：广州市友盛彩印有限公司

开　　本：787mm×1092mm　1/16

印　　张：12

字　　数：215 千

版　　次：2024 年 11 月第 1 版

印　　次：2024 年 11 月第 1 次

定　　价：49.80 元

前言 复杂社会中的"治理向善"

一、中国社会的长期治理挑战

中国的国家治理体系和治理能力现代化的最大背景，即中国社会结构的日益复杂化。

古代中国曾经是通过官僚制体系管理整个社会的最成功典范。即历代统治阶层在与贵族、世家、外族的斗争中，逐步建立起适应大一统中央王朝的"官僚制"行政体系，并且通过对这个体系不断进行调试和对控制技术轮番升级，实现了对农业社会的全面治理。此外，这个体系还能通过科举制为各级治理单位选拔人才，为人们的生产和生活提供了较为稳定的环境。当然，古代社会官僚制体系建立和发挥作用的前提是，其所应对的只是一个简单的社会结构。在这个社会结构中，农民占比达到90%以上，其中有自己小块土地的自耕农占比经常达到70%以上。正如马克思所言，这是一个"小农社会"。

到20世纪后期，这个简单的、便于官僚制管理的简单社会已不复存在。曾经封闭的村落聚居社会业已发展成为开放且多元的复杂社会。在社会分工高度发达的情况下，各种社会任务日趋由单个组织完成，而这些组织都是只为一种社会任务而创立的，不论这种社会任务属于制造业、教育业、医疗保健业还是清扫大街。因此，社会正在迅速地变得多元化，横向和纵向的社会分层更加细化，利益关系更为复杂，社会流动性更强，风险程度更高。在这个复杂社会中，各种棘手的社会问题纷至沓来，使得传统的官僚制治理模式面临新的挑战。

现代化意味着原有的社会变化的连续性被打破，社会系统的复杂性和不确定性空前加强。彼得·德鲁克曾经指出，我们的时代是一种不连续变化的时代。这意味着结构的复杂性必将导致事件发生的复杂性。特别是全球范围内出现了各种危机事件，向既有的社会治理模式提出了挑战。法国学者米歇尔·克罗齐耶指出："我们业已无法理解集体生活的诸种机制，面对一个似乎无法控制的体制，我们感到束手无策。这样的感受可能有点儿夸张的意味，但是，经济与政治日新月异的进展，令复杂性不断累积、不断增多，这一切的确使我们超越了某种存在的域界。"[①]

二、复杂社会的两种应对思路

现代社会结构的复杂性及运行的不确定性，给社会治理带来了极大的难度。政府作为社会的管理主体，遵循着传统科学的简化思维，希望把"复杂性"化为"简单性"来处理。这种"简化"有两种方式，一是简化治理对象，二是简化社会控制。

所谓简化治理对象从而简化社会结构，这一点在前现代社会是行得通的。马克思曾经谈到，中国君主专制体制有两千多年的历史，就是建立在以小农为主的、过于简化的社会结构之上的。而定期的王朝更迭，则是通过战争和灾荒，将刚刚变得复杂的社会结构、过多的社会成员进行迅速而残酷的"简化"，以方便重建治理结构。但现代社会则因越来越细的社会分工，社会成员之间形成了多层次而紧密的相互依赖，而产生了越来越复杂的社会结构。在这种情况下，要简化主体或者取消一部分社会成员的主体资格，是很难办到的。

而简化社会控制，则是大多数现代国家所选择的治理原则。简化社会控制强调对复杂社会的治理，必须将对外开放和社会自治提上日程。对外开放意味着削弱边界对系统的束缚和强制作用，跟环境交换物质、能量、信息，能够激发组分的活动性、主动性、相互作用性。而社会自治则是充分地引导新型社会治理力量

---

① 转引自郑家昊. 政府引导社会管理：复杂性条件下的社会治理. 中国人民大学学报, 2014（2）: 14-21.

发挥应有的社会自我治理功能，从而减轻国家层面的治理压力和风险。如郁建兴等所言，国家治理现代化和基层社会的自治、法治和德治密切相关。①

实际上，国家应该作为发展社会力量的一个园丁，让社会力量与国家之间、国家与社会之间达到一个新的均衡状态，使原来的"强国家、弱社会"体制逐渐变成"强国家、强社会"的均衡体制。而本书所称的"善治"就是使公共利益最大化的社会管理过程，其本质特征是政府与公民对公共事务的合作管理，是政府与市场、社会的一种新型的均衡关系。

当然，"善治"是一种理想化的治理形态。在实际的社会变迁中，向"善治"的转型也蕴含着一定程度的社会风险，主要来自对新型社会治理力量的管治造成了社会治理主体之间的紧张关系，以及社会治理的不周延性导致危机事件频发。此种风险也提示我们，国家治理体系和治理能力的现代化，实际上取决于国家治理理念的现代化。对核心理念的理解和认同程度不一，已成为社会利益认知的影响因素和社会风险的直接源头。而"善治"的治理理念核心，则是建立在对外开放和社会自治基础上的"治理向善"。

三、"治理向善"如何可能

目前中国的公益慈善事业存在一个转向，就是从以物质帮助为主要内容的传统公益，转向以提供精神价值为主要内容的人文公益。这是社会发展进步到一定阶段的必然产物。人文公益的主要内涵是：无论在政治、经济、文化还是社会领域，作为一种价值观念的"善"，越来越成为个人和事业成功的主要内在动力，也成为改变世界的源头。在这个基础上，"善经济""善财""善知识"都应运而生。而善治（公益治理）的实质，就是以人文公益赋能社会治理。即通过唤起人们内心的"善"而在现代社会达成治理效果。

在实践层面，善治主要是通过对治理者和社会成员的内在认知体系的建设，而重新塑造这个社会的公共理念。所谓"治理向善"，实际上指的是善治理念的

---

① 郁建兴，任杰. 中国基层社会治理中的自治、法治与德治. 学术月刊，2018（12）：64-74.

树立。这种理念主要体现在以下三个方面：

首先是一个社会自下而上的核心价值体系建设。

一个社会的核心价值体系不是凭空产生，也不是灌输的结果，而是因应社会的发展而产生的一种现实需求。例如，"善经济"强调对自由竞争的尊重、对私有财产的保护、对诚信的严格遵守等道德信念，其在现代社会的产生就是基于市场经济的现实。以诚信为例，在完善的市场经济中，不讲诚信就没法做生意，也就没法赚钱；一个人没有信用，甚至在这个社会中都生存不下去。在这种情况下，自然就产生了诚信的道德。再如，善治强调政府官员为人民服务的道德，则是因为在民主政治的安排中，人民自身的力量空前强大，所以有能力要求政府建立道德规范，对人民效忠，由此所产生的价值体系是自下而上形成的。因此，现代社会所提倡的善治及相关理念，是社会政治、经济、文化发展到较为高级的阶段所必然产生的理念诉求。

其次是以促进公平正义为宗旨的制度建设。

制度是核心价值体系的外在表现，核心价值体系是制度的设计原则。治理的目标是公平正义的实现。而以此为宗旨，就需要法治领域加强《慈善法》《公益事业捐赠法》《未成年人保护法》等法律建设，改变法律和制度体系中不合理的部分，促使社会成员负起更大责任，同时立法保护那些见义勇为的好公民。在政治领域则应该倡导对公平正义目标的追求，这就需要大力发展社会民主，让人民的政治权利得到保障，让公民对公平正义的追求、普通人参与公共事务的行为得到保障。

最后是以公益组织为载体的社会建设。

社会公众的行为和评价取向对公共道德的培育极为重要，因为一般性的道德产生于群体关系中。一个人在荒岛生活，是无所谓道德的，只有在与他人交往中才产生了道德。在一个无组织的陌生人社会里，冷漠是常见的选择。而在公共道德比较发达的社会中，无论是精英的道德培育，还是普通人的道德建设，都是在社会成员的交往中实现的。那些参与社区建设、社会教育，加入业主委员会、NGO、NPO、志愿者组织的公民，大多是怀着对这个社会的责任感而行动的积极公民。公益组织的存在可以把具有公共信念的人们聚合到一起，在这种聚合中会自然而然地产生共同价值观，这便是公共道德的来源。所以，要想建设公共道德，就需要让公民参与公共事务和公益组织。在中国，培育新型的社会组织和基层治理模式，是构建公共道德的最直接方式。

作为人文公益的重要组成部分，本书以"善治"为题，主要探讨"善"的理念如何通过公益治理等创新形式作用于各个治理主体和治理过程，发挥社会力量自治的功能，补足社会治理体系的短板，从而实现治理的目标。同理，人文公益所倡导的"善"的理念也可以作用于治理之外的其他领域，使得社会生活的各个领域都走上"向善"之路。如作用于经济层面，会形成"善经济"；作用于社会建设领域，会形成"福利社会"；作用于家族传承领域，会形成"善财传承"，等等。

可以期待的是，"善"作为一种理念，在实践和传播的过程中，必然会升级为一种信念——用"善"来改造世界的坚定信念，以及为践行内心信念而在各个领域的行动，终究会让这个世界自内而外形塑成人们喜欢的样子。

唐 昊

2024 年 11 月

"来自星星的孩子" 长大了

一

广州人小哲，今年二十多岁。从履历上来看，他是标准的"别人家的孩子"——6岁学画画；9岁学书法；12岁学钢琴，两年后通过钢琴八级，五年后通过十级；17岁开始作曲。成年后，他已经形成了自己独特的绘画风格，擅长钢琴演奏，多次远赴欧美巡演，人物肖像挂到了广州最繁华的珠江新城地铁站。他还成了业内有名的调音师，找他调音的预约，已经排到了几个月以后。

这位在事业上小有成就的年轻人，是一位孤独症人士。

孤独症，也称自闭症，主要表现为患病的儿童发育受到阻碍，学会说话的时间比普通儿童晚得多，缺乏正常的语言沟通和社会交往能力，经常陷入刻板或重复的举动。例如，回家只认一条路线，鞋子只穿同一种款式。他们被称为"来自星星的孩子"，是因为他们犹如天上的星星，遥远而孤独，始终在自己的世界里闪烁，我们很难进入他们的世界。小哲也是一样，在舞台上他能演奏出高难度的曲子，享受人潮欢呼与掌声，眼神闪闪发亮。但一走下台，他动作就慢慢变得迟缓，嘴里喃喃地重复一些话语，旁人难以听清。

这些"来自星星的孩子"似乎已经与外部世界隔绝了，难以成长，但小哲的经历告诉我们，只要付出足够的努力，他们仍然可以像正常的孩子那样，工作、生活、爱。但要做到这些，绝不是靠小哲一个人或者他的家长所能完成的，而是需要全社会的支持。

小哲成长的过程中，得到了很多社会机构实实在在的帮助。他6岁进入广州市少年宫特殊教育部学习艺术，才有了以后的成就。此后很多艺术机构、老师也热心帮助。对此他的母亲若兰非常感动，也是在这个过程中她逐渐走进了孩子的世界，并坚信"艺术是他与世界的连接"。

与此同时，地方政府、孤独症关爱组织也介入了他的成长，给他提供了专业的脑力开发方案。在家长和爱心人士的陪伴和鼓励下，他的成长之路走得很顺，并且自然地融入了社会。在接受采访时，小哲的母亲特意提到，吃饭时小哲会给客人斟茶倒水。很多人不知道，这个符合社交礼仪的简单动作，是很多孤独症孩子永远无法学会的。

小哲是不幸的，但同时也是幸运的。他有自己独特的音乐天赋，也有家长的不放弃，以及全社会的帮助，才走到今天。但其他更多的孤独症孩子，可就没这么幸运了。按照孤独症 1% 的发生率估计，目前我国至少有超过 1 000 万的孤独症人群，并以每年近 20 万的速度增长。全球有数千万人患有这种神经系统疾病，而他们中的大多数人是没有音乐、美术等方面的天赋的，那么他们的成长怎么办？

对此，许多孤独症机构建立起来，试图给予这个问题系统化的解决方案。值得注意的是，这些民间机构很多是由孤独症儿童的家长们发起创办的。像广州市扬爱特殊孩子家长俱乐部的创办人、"喜憨儿"的创办人，自己家的孩子都有这方面的情况。而他们在解决自己孩子问题的同时，也在帮助更多的孩子。

2014 年美国疾病控制与预防中心（CDC）的全国孤独症监测系统的数据显示，在 8 岁孤独症儿童中，几乎有一半智商在平均水平及以上（IQ 高于 85 分），而只有 1/3 的孤独症儿童是智力缺陷，有接近 23% 的孤独症儿童的智力在边缘水平（71~85 分）。这个调查结果，给孤独症儿童的身心发展带来了好的消息，也说明孤独症的早期干预非常重要。联合国将每年的 4 月 2 日定为世界孤独症日，是为了提高人们对孤独症的意识，争取早期治疗改善患者的状况。

但是，将孤独症人士称为"来自星星的孩子"，这本身就是有问题的。因为大多数孤独症人士的症状将伴随终身，这些"来自星星的孩子"终究会长大，还会面临融入社会、就业、生活等方面的障碍。由于心智上的问题，单凭他们自己的力量，很难顺利与社会衔接，而与此同时，他们的父母正逐渐老去。

在很多媒体、公众和机构将目光投向孤独症儿童，并建立了较为成熟的服务体系的同时，对于大龄孤独症人士的关注，却出现了"断崖式"的下降。相比"来自星星的孩子"所受到的关注，"来自星星的少年""来自星星的成人"所受到的关注，就少得多了。对于成人孤独症人士，缺乏一个社会性的整体解决方案。

二

2022 年 4 月 2 日，是世界孤独症日。在此之前的几个星期，腾讯联合多家国内孤独症专业组织开展了多项活动，试图增加人们对于孤独症人士特别是大龄孤独症人士的关注。笔者的研究团队对大龄孤独症人士的需求和服务现状做了调查和梳理，其结果是令人震惊的。综合各方面表现及调查结果，总体来看，大龄孤独症人士的服务提供在国内是严重不足的，根本无法满足他们的迫切需求。笔者将这些社会服务方面的不足总结为七个方面：

1. 整体服务缺位

无论是营利机构还是非营利机构，目前对大龄孤独症人士的服务在各方面都是缺乏的，而服务的稀缺性又导致市场的乱象，即在政府和社会提供的服务不足的情况下，市场提供的康复服务鱼龙混杂。

2. 政策支持模糊

从政府的角度来看，政府的康复救助政策和教育政策勉强能覆盖到成年，后续需要满足一定条件才能继续享有福利保障，政府福利难以覆盖大龄孤独症人士。

3. 家长意愿下降

从家庭的角度来看，家庭为服务付费的意愿也往往集中在低龄孤独症人士的投入，后期更倾向于养老储蓄，为大龄孤独症人士服务的付费意愿下降。

4. 专业人才缺乏

为大龄孤独症人士服务需要系统的专业知识和专门的训练，在这方面，专家和专业介入人士都比较缺乏。

5. 机构能力不足

从社会的角度来看，孤独症儿童社会关注度高，社会对于大龄孤独症人士的关注度相对较低；许多服务机构入不敷出，只能勉强维持，服务专业性提升受限。因此康复和融入的需求是贯穿在生命全周期的，孤独症人士的服务在大龄阶段极为稀缺。

6. 社区友好不够

社会层面对于孤独症人士还存在误解，宣传倡导上的力度不足，也导致社区友好度不够，融入社区的努力受到抑制。

7. 社会资源错位

由于社会宣传都集中在低龄孤独症人士层面，对大龄孤独症人士群体投入的资源严重不足。这些"来自星星的孩子"长大后面临成长的烦恼：很多大龄孤独症人士在结束教育后反而与社会脱节，没有工作收入、缺乏福利保障，只能在家中依赖父母养育，康复训练成果逐步退化，前期的社会融入努力也前功尽弃。

这个调查结论出来后，得到众多孤独症研究专业人士和相关发起方的认可。大家结成孤独症关爱的共同体，忙碌了将近一个月，终于有了一个针对以往人们很少关注的大龄孤独症人士的传播倡导方案和公益帮扶方案，并且在2022年4月2日世界孤独症日这一天发布。

帮扶大龄孤独症人士并能够取得成功，是有着充足的现实依据的，因为孤独症人士的某些弱点在合适的情况下可以变成职业优势。英国巴斯大学的研究员及临床心理学家凯特·库珀说过："刻板"带来了可靠性；"兴趣狭窄"造就了有所专长。于是有专家结合孤独症症状，提出相关职业领域：如过动倾向的孤独症人士，会固执走同一路线，因此可以训练他们从事送报、送牛奶、发广告传单等工作；喜欢操作机械的孤独症人士，若数学能力很强，则可以担任收款机操作员、计算机操作员或市场服务员，进而成为计算机程序设计师；在文字处理方面能力很强的孤独症人士，则可担任文书处理员。①

实际上，在针对大龄孤独症人士的帮扶上，许多公益组织和市场机构已经走在了前面。他们是对于复杂的社会问题进行社会治理的新生力量，并且探索出了许多有效的形式。我们可以将其视为一种"公益治理"，因为他们的初衷和结果都是促进公共利益的实现。

三

深圳"喜憨儿"洗车中心，就是这样一个案例。"喜憨儿"是心智障碍者的通称，孤独症人士通常与脑瘫、唐氏综合征、智力发展迟缓人士等统称为心智障碍群体。如前所述，这个群体想要实现就业非常困难。这个项目的发起人曹军，本身就是孤独症儿童的家长，他一直在想着如何让有着同样情况的孩子们能够自力更生，解决相关的社会问题。

经过多年的实践和试验，曹军发现洗车这个行业能发挥"喜憨儿"的优势，

---

① 杜佳楣. 大龄自闭症，未来路在何方?. https://mp. weixin. qq. com/s? src = 11&timestamp = 1647783250&ver = 3688&signature = ab ∗5TdJDiq1 ∗tnvxFfYbs ∗MZGCdkwOi1SgWC6P472LFKjNgU7pmG2 upIyUJDeN－bJcvkoFeqoR9zEmAzTXkkKuPLs4zBdJE 2IK1ygECT－R6arEkJkJy8zEzVuynOADe&new = 1.

使这个群体实现就业。正是因为心智障碍者有发育迟缓、智力障碍、唐氏综合征、脑瘫、孤独症等，大多数心智障碍者做某件事都特别专注、力求完美，而做其他事却无法上手。而且每一类型特征不同，优劣势不同，专注的领域不同。这就可以在他们之间相互协调、取长补短、互相帮助。一个人做不好的事，五个人团结起来就有可能完成，所以"分工协作、团队作业"的方式可以实现集体就业。将洗车的十几项工作流程拆分开，根据轻度者多分配一些工作、中度者少分配一些工作、重度者可以只做一项工作，这样简单的分工创造出了生产力。

经过三年半时间的运营，"喜憨儿"洗车中心将洗车过程流程化、标准化、模块化，让特定类型的心智障碍者负责其中的特定模块，并完善了职业能力测评体系和职业培训体系。截至 2021 年 4 月 26 日，深圳"喜憨儿"店已经聘用了 15 名"喜憨儿"就业，每人每月工资为 2 230 元，另外每位"喜憨儿"都有正常的社会保障和劳动合同。到 2021 年 4 月，深圳"喜憨儿"店累计洗车数量达到了 72 913 辆。不仅如此，在全国已有 16 家复制店通过深圳"喜憨儿"洗车中心的无偿帮助和支持成功运营，解决了超过 200 名心智障碍者实现稳定就业的问题。"喜憨儿"模式的复制推广，对于改变对残障人士的认知，推动与残障新理念相应的政策的制定和落实，将形成长期的动力。

类似于"喜憨儿"这样的项目，是比钢琴调音师小哲的成长更令人兴奋的消息。因为小哲有着音乐天赋，是特例中的特例，而对孤独症儿童的关注，要有系统化、体制化的解决方式，否则就无法覆盖千千万万的小哲身上。如果社会治理措施到位，这些"来自星星的孩子"不但会过好自己的生活，还会对社会做出独特的贡献；如果体制化的解决方案不到位，他们就会成为社会的负担，甚至成为社会的问题。

四

中国社会进入新时代，意味着新的社会发展阶段来临。与此同时，一些以往的社会问题也会在某种程度上存留下来，以及有新的社会问题产生。新时代的中国社会迫切要解决的这些问题包括但不限于：

自然灾害与人为灾害频发，如近年来的新冠疫情、中原水灾、西南旱灾、局部地震等，给人民群众的生命财产带来威胁与损害。

社会中的弱势群体，如残障人士群体、困境儿童、孤独症人士等，因社会支持系统不完善，在照护、出行、教育、自身发展等方面遇到困难。

社会阶层之间存在贫富差距，根据社会收入分配的统计结果，基尼系数偏高。

社会群体之间存在分化现象，在社会的不同阶层之间，体制内与体制外之间，城乡之间，出现不和谐的因素。

环境保护的力度加大，但要在经济结构调整的情况下如期实现"双碳"目标，尚面临巨大挑战。

经济发展、卫生条件改善、人均预期寿命增加，也让中国逐渐进入了老龄化社会。高龄人群聚集的城市和乡村，面临着极大的养老压力。

工业化进程与城乡差距、户籍政策等交织在一起，造成从 20 世纪 80 年代即出现的乡村留守儿童问题，目前虽有缓解但依然存在。

国际国内经济环境近年来的变化带来更多的不确定性，灵活就业人数增加。

随着社会变迁的加剧，社会心理问题也在增加。有学者指出，2020 年以来全球抑郁症人数增加达数千万之多。①

上述这些社会问题，和大龄孤独症问题一样，如果单纯依赖政府福利体系或者市场化手段，显然是难以解决的，必须动员社会力量和社会资源的参与才能奏效。以公益慈善的方式来进行社会治理，其本质恰恰就是通过社会资源动员而实现治理目标。而通过社会多元主体形成治理的合力，从而实现社会治理的目标，正是社会治理现代化的题中应有之义。在中国，孤独症人士的照护、康复、教育、融入社区、就业等问题，是在多家社会组织和爱心人士的共同参与下，才取得了相当的成效，也在很大程度上弥补了社会治理体系上的短板。

德国学者埃利亚斯曾在其著作《文明的进程》中指出，"文化"是使民族之间表现出差异性的东西，它时时表现着一个民族的自我和特色，因此，它没有高低之分。而"文明"是使各个民族差异性逐渐减少的那些东西，表现着人类的普遍的行为和成就。换句话说，就是"文化"使各个民族不一样，"文明"使各

---

① 疫情三年：新增 7 千万抑郁症患者，9 千万焦虑症患者，数亿人出现睡眠障碍！．（2023 – 11 – 29）．https://www.thepaper.cn/newsDetail_ forward_ 20949980.

个民族越来越接近。①

埃利亚斯还认为，"文化"是一种不必特意传授，因耳濡目染就会形成的性格特征和精神气质，而"文明"则常常是一种需要学习才能获得的东西，因而它总是和"有教养""有知识""有规则"等词语相连。② 也就是说，"文化是先天的，文明是后天的"。一个国家要想进入现代文明社会，一个人要想具有现代公民的教养，不能不进行学习和训练。而以往的经济社会现代化进程表明，参与公益慈善，是让社会成员从原初文化走向现代文明的必经之路。

与此类似，在中国社会要实现社会的治理目标，不但需要政府自上而下实施横向板块划分的基层治理，也需要依据社会问题存在的不同领域，实施纵向功能领域划分的公益治理。公益治理实际上也是社会治理的一种实现方式，即从社会需求出发，通过公益慈善的实践去解决社会治理中存在的问题。

在经济面临困境的时期，我们经常会听到一句话："时代的一粒灰尘，落到每个人的头上，就是一座山。"其实从相反的角度来理解这句话，"时代的微光，照到每个人的头上，那何尝不是他生活中的太阳?"这其实意味着，在现代文明的方向引领下，社会治理现代化的举措和成果，必须落实到具体的个人。而这也是公益治理在现代文明进程中必不可少的重要原因。以孤独症人士为例，一方面他们生活的时代出现了更多的对孤独症的康复、训练、融合的专业机构，以及社会层面越来越完善的支持系统，人们的同情心正在通过现代社会的技术和机制而成为解决社会问题的动力;另一方面对他们身处其中的社会来说，这些"来自星星的孩子"过着什么样的生活，长大后将成为何种人物，相关的公益治理的发展程度，又在考验着一个社会的文明程度和治理水平。

---

① 葛兆光. 对中国文化的最大曲解是刻意窄化和盲目自大. (2023 - 09 - 17). https://www.sohu.com/a/721190127_ 120271802.

② 葛兆光：对中国文化的最大曲解是刻意窄化和盲目自大. (2023 - 09 - 17). https://www.sohu.com/a/721190127_ 120271802.

第一章

公益治理：
基于公益组织和社会服务的治理

第一节　国家治理、社会治理与公益治理

一、社会问题催生治理理论

在英文语义中，governance 可以翻译成"治理"。现代社会的治理通常指的是政府、企业、社会组织等各种组织形态的决策、组织、管理、监督等一系列活动与方式。

以治理为核心概念的治理理论于 20 世纪 80 年代末在西方学界出现，是因应当时世界范围内普遍的政治经济和社会问题而兴起的。面对当时发展中国家经济增长危机，1989 年世界银行发布的《撒哈拉以南非洲：从危机到可持续增长》报告认为，非洲发展问题的根源在于"治理危机"。此后，在世界银行等相关机构的大力推动下，治理概念开始被应用到社会科学研究当中，用来解释不同国家的政治社会实践。

面对诸多的治理难题，治理理论的主要观点强调治理（governance）和统治（government）之间的区分。该理论的主要创始人罗西瑙（J. N. Rosenau）认为："与统治不同，治理指的是一种由共同的目标支持的活动。这些管理活动的主体未必是政府，也无须依靠国家的强制力量来实现。"

在这一思路的指引下，各种各样的治理理论应运而生。其中诺贝尔经济学奖获得者埃莉诺·奥斯特罗姆和她的丈夫文森特·奥斯特罗姆曾经提出的共治理论为影响最大的理论之一。奥斯特罗姆夫妇的研究冲破了公共事务只能由政府管理，政府既是公共事务的安排者又是提供者的传统教条，提出了公共事务管理可以有多种组织和多种机制（多中心主义）的新看法。

其他治理理论的学者如罗茨（R. Rhodes）、库伊曼（J. Kooiman）、范·弗利埃特（M. van Vliet）等，大多抱持与奥斯特罗姆夫妇的制度分析学派相类似的观点。如罗茨将治理的种类归纳为公司治理、新公共管理、善治、国际的相互依

存、一种社会控制体系、一种新政治经济学、网络等类型。① 库伊曼认为，"治理意味着国家与社会，还有市场以新方式互动，以应付日益增长的社会及其政策议题或问题的复杂性、多样性和动态性"。

联合国全球治理委员会（CGG）则认为，"治理"是指"各种公共的或私人的个人和机构管理其共同事务的诸多方法的总和，是使相互冲突的或不同利益得以调和，并采取联合行动的持续过程"，这既包括有权迫使人们服从的正式制度和规则，也包括各种人们同意或符合其利益的非正式制度安排。② 简言之，治理即多元主体通过多元方式进行双向互动合作，实现多元目标。

而在当代政治学和公共管理学的发展基础上，许多学者吸收了新公共管理理论对"governance"的释义。20 世纪 90 年代以来的治理概念，更为强调政府、社会组织、公民等多元主体在公共事务中的合作与互动，提倡共同发挥社会秩序管理、公共服务、民主监督等作用。

中国引进关于"治理"的理论是在 21 世纪初期。中央编译局研究团队在系统回顾斯托克、罗茨、库伊曼和罗西瑙等学者关于治理概念的基础上，认为"善治就是使公共利益最大化的公共管理过程。善治的本质特征，就在于它是政府与公民对公共生活的合作管理，是政治国家与市民社会"，并认为合法性、透明性、责任性、法治、回应、有效等构成了善治的基本要素。③

综合以上对于治理的阐释和具体化，关于"治理"的内涵是可以确定的，即所谓治理，是通过政府与社会力量共同参与公共事务的管理，从而达到"善治"目标的过程。而要达到治理的核心目标"善治"，除了政府功能的发挥外，还必须依赖对社会的充分动员。在这个过程中，社会成员就不仅是社会治理的对象，更是社会治理的主体，其价值观、理念的高度、文明的程度、行为的方式，都直接决定了社会治理的效果和质量。

---

① RHODES R. Governance public administration//PIERRE J（ed.）. Debating governance. New York：Oxford University Press，2000：63.

② 联合国全球治理委员会于 1995 年发表的《我们的全球伙伴关系》（*Our Global Neighborhood*）研究报告第一章，https：//www.gdrc.org/u – gov/global – neighbourhood/。

③ 任勇. 治理理论在中国政治学研究中的应用与拓展. 东南学术，2020（3）：199.

二、从国家治理到社会治理与公益治理

要想理解公益慈善在国家治理中所能发挥的作用，首先要解决的是对一些重大理论和概念的理解，如国家治理、社会治理、社区治理等，以及本书所提出的"公益治理"。这些概念都和治理有关，因此经常被混用。实际上它们的内涵各有不同，但都以治理理论所提出的"善治"作为共同目标。

在这个概念体系中，最为重要的概念当然是国家治理。在政治学的层面，国家具有两种功能——统治功能和管理功能。所以国家治理指的是从国家层面出发，从执政党的角度所进行的治国理政和对社会的一般性管理工作，是国家统治功能和管理功能的同时实现。在这个意义上，国家治理实际上也包括两方面的内涵：为实现国家统治功能的治国理政和为实现国家管理功能的社会管理。

国家治理的内涵，即是以治国理政为核心，自上而下地实现国家对社会的统治功能。而治国理政的核心是制度建设，即机构和程序这两者的综合。现代国家的制度体系包括整合机制、汲取机制、激励机制、协调机制、控制机制等方面。这些机制的完善决定了权力运行的方向与效率，并且确定了国家和社会之间的关系。在过去四十多年，我国制定法律达 297 部，加上法规、条例，数量大大增加。这些法律法规帮助中国的制度体系进行了一场现代化转型，如制度内涵上从人治到法治，制定架构上从封闭到公开，制度目标上从管制到服务等，并且逐步规范化，初步形成了现代国家的治理制度架构。

从国家制度的机构和程序出发，这两者也就分别对应着国家治理体系和国家治理能力。在中国，国家治理体系是在党领导下管理国家的制度体系，包括政治治理的制度结构、经济治理的制度结构、社会治理的制度结构，以及经济、政治、文化、社会、生态文明和党的建设等各领域体制机制安排，是一整套紧密相连、相互协调的国家制度；国家治理能力则是运用国家制度管理社会各方面事务的能力，包括政治治理的政策运行、经济治理的政策运行、社会治理的政策运行过程中体现出来的国家能力。

国家治理的主要目的当然是实现对于社会的统治功能。在现实中，为实现国家的国防、外交、内政等目标，国家权力的行使几乎无处不在。而国家权力是掌握在人民手里还是寡头手中？国家政权如何体现其为人民服务的宗旨？权力是如

何行使的，是否有法律等规约限制？国家权力机关之间的关系如何？这些问题的回答，就关乎国家权力行使的正当性、有效性。与此同时，制度体系对于国家统治功能的实现起着两方面的作用。一方面，制度体系帮助国家集中和行使权力，要求公民遵从法律；另一方面，法律和制度又会限制国家权力的滥用，确保国家权力遵从规则来行使。

除去国家权力的统治功能外，国家治理的另一重内涵，则是国家对社会管理功能的实现。在党的十八大报告中，社会管理被正式改为社会治理，赋予了国家管理功能全新的含义。所以这部分国家治理功能可以在社会治理体系中得以呈现。

和之前的国家治理、社会治理和公益治理的理论相关，中国的社会治理现代化也形成了一整套理论体系，并且成为中国式现代化的一个有机组成部分。在这个理论体系中，最重要的关键词其实是"现代化"而不是"治理"。并且现代化的指向和要求贯穿了社会治理的方方面面。在这个复杂社会中，所谓社会治理的现代化不仅包括治理体系和治理能力的现代化，而且是一个包含了治理理念、治理主体、治理体系、治理方式、治理能力等多方面的综合性的现代化进程。

在我国，社会治理是指在党领导下，由政府组织主导，吸纳社会组织等多方面治理主体参与，对社会公共事务进行的治理活动，[①] 是"以实现和维护群众权利为核心，发挥多元治理主体的作用，针对国家治理中的社会问题，完善社会福利，保障改善民生，化解社会矛盾，促进社会公平，推动社会有序和谐发展的过程"[②]。

上述定义和描述都强调从社会层面出发，动员各种社会主体对社会进行多元共治的治理模式。这与以往自上而下的社会管理有极大不同。特别是从社会治理的主体层面来看，包括政府、企业、社会组织、公民等不同主体。仅以孤独症人士服务为例，参与这个社会问题治理的主体就包括：家长、医院、对口负责的基层政府、社区、专业社会组织、学校，以及孤独症人士本人。在一个复杂的社会中，单纯靠自上而下的命令式管制是很难达到治理效果的。社会力量的多元共治是必然的选择。

---

① 王浦劬. 国家治理、政府治理和社会治理的含义及其相互关系. 国家行政学院学报，2014（3）：11－17.

② 姜晓萍. 国家治理现代化进程中的社会治理体制创新. 中国行政管理，2014（1）：24.

要取得人民对于政权的拥护，必须以人民为中心，实现人民对美好生活的向往，这就离不开对具体的社会问题的解决。从社会治理的外延来看，其治理范畴在于基层社会的社会问题，包括困境人群所面临的社会救助需求、普通人群所需要的社会福利需求，以及住房、养老生育、城市街面、医疗、就业等方面的社会问题。这些社会问题可被分为五个方面：完善社会福利，保障改善民生，化解社会矛盾，促进社会公平，推动和谐发展。

以解决孤独症人士的问题为例，国家治理层面需要做的是出台总体政策和法律，以及针对心智障碍人群的关爱进行专门立法和规定对此负责的专门政府机构。目前看来国家为此出台了以《残疾人保障法》《慈善法》为代表的相关法律规定；民政部儿童福利司对于困境儿童有着国家救助的任务；残疾人联合会则对孤独症人士进行直接统计和救助，等等。此外，近年来国家在教育政策方面非常注重融合教育，并出台了相关政策，减少了孤独症人士的入学障碍。相关政策的出台，不仅会帮助孤独症人士融入社会，更是党和政府对人民承诺的实现形式。

如果说治国理政着重于国家制度层面的顶层设计的话，那么社会治理则眼光向下，关注的问题多在基层社会，涵盖更多人群的社会问题，以及通过基层治理机构、社会组织等来解决这些问题。要完善孤独症人士所需要的社区融入和社区服务，必须依赖社区的资源。相对于其生命全周期的服务体系及社会支持系统来说，其所需要的专业服务和专业人员也必须落实到社会基层治理机构。在经济社会发展与社会结构复杂化、扁平化的现实条件下，要进行良好的社会治理，解决社会问题，社会治理重心必须向基层下移。

如何不断提升社会治理的水平，实现社会参与主体更加多元，让社会治理更加精细化，居民自治能力更加提升，形成多元共治共赢、全民共建共享的社会治理格局，是新时代的社会需求，也是国家治理功能得以实现的主要形式。

三、公益治理的内涵

本书中所说的公益治理，是狭义上的"善治"，即以公益慈善为核心内涵的治理模式。

公益慈善对弱势群体的帮扶作用众所周知，但公益慈善的治理功能却鲜有人探讨。在现代社会治理体系中，公益慈善的治理功能的发挥，是全面实现治理目标所必不可少的一部分。而如何理解公益慈善在治理体系中的作用和价值，涉及对治理理论中的核心概念"善治"的解析。

"善治"这个概念，就其具体的内容和指向来看，可以分为广义的善治（good governance）和狭义的善治（philanthropic governance）。

广义的善治，就是指良好的治理。20 世纪 90 年代以来，在英语和法语的政治学文献中，善治概念的使用率直线上升，成为出现频率最高的术语之一。概括地说，善治就是使公共利益最大化的社会管理过程，其本质特征是政府与公民对公共事务的合作管理，是政府与市场、社会的一种新型关系。

俞可平在《治理与善治》一书中提到，善治的本质特征就在于它是政府与公民对公共生活的合作管理，是政治国家与公民社会的一种新颖关系，是两者的最佳状态。善治实际上是国家的权力向社会的回归，善治的过程就是一个还政于民的过程。善治表示国家与社会或者说政府与公民之间的良好合作。[①] 要实现广义的善治或善政，一个重要的手段就是社会治理体系和治理能力的现代化。当然其中也必然包含着治理价值观的现代化，而公益慈善对人们精神层面的提升，是实现治理现代化的关键所在。

狭义的善治则是指从公益慈善的原则出发，依托公益慈善类社会组织开展具体的治理实践，为实现善的目标而进行的社会治理过程，着重的是社会治理体系中与公益慈善相关联的那一部分。这一概念意味着不但公益慈善是治理的内容，公益慈善主体还直接介入治理过程本身。

公益治理这一概念首次出现在《关于建立以国家公园为主体的自然保护地体系的指导意见》中，它提出探索自然保护地"公益治理"保护方式。"公益治理"在我国政策体系中首次出现，就是在中央政府层级。从体系定位上看，"公益治理"被定位为一种补足政府治理功能的新型治理机制。从概念溯源上看，"公益治理"是从世界自然保护联盟（IUCN）指南中直接移植的，与世界环境治理体系密切相关。[②]

---

① 俞可平. 治理与善治. 北京：社会科学文献出版社，2000：3.
② IUCN 规则体系中的"公益治理"机制指称私人主体自愿将其所有或控制的土地设置为"私有自然保护地"并负责管理，这一机制属性决定，在实行土地公有制的我国适用"公益治理"机制，存在内生桎梏。同时，土地用益物权的物权效力、权能的丰富性又使得"公益治理"机制在我国具有一定的适用空间。

在广义的善治概念中，民间社会是善治的现实基础，没有一个健全和发达的民间社会，就不可能有真正的善治。而在狭义的善治概念中，出于志愿目的而促进公共利益的公益慈善理念，是链接各方资源从而达成治理目标的核心动力。在国家治理、市场治理、社会治理所组成的治理体系中，公益治理可以被视为社会治理的重要组成部分，而且是激活"善治"进程中的社会活力，促进政府、市场和社会走向合作的关键所在。

如果对公益治理这个概念进行深入阐述的话，可以这样理解：公益治理的主体是公益慈善组织，公益治理的客体是国家和市场都难以解决的特定社会问题，公益治理的对象是社会上的弱势人群；公益治理的主要形式是筹集社会资源解决重点问题，并通过倡导发动社会人群全面解决社会问题，达成社会进步；公益治理的目标是达成公正平等前提下的人民美好生活的实现。

因为公益治理是从"善"的理念出发，为了实现"善"的目标，同时又以公益慈善组织为重要的治理主体，因此也可称之为狭义层面的"善治"。

公益治理所面对的特定社会问题包括救灾、助困、儿童、养老、助残、恤孤、环保等。在这些社会问题中，有的问题解决能够自动产生经济效益，有的需要从外部筹款予以解决，但无论是哪种类型问题的解决，通过常规的政府手段或市场手段往往都难以奏效。这些社会问题的解决靠政府无法完全覆盖，靠市场又难以产生经济效益，只能通过社会爱心人士，并依托专业组织，动员社会力量和社会资源，从社会第三部门的角度，以创新的方式去解决。狭义"善治"在这里既是广义"善治"实现的手段，自身也成为广义"善治"的组成部分。

因此，从广义"善治"的角度来说，要在实践中实现国家治理体系和国家治理能力的现代化，开放和支持不同形态的社会治理主体发展，探索有效的治理模式，是非常必要的。而从狭义"善治"的角度来说，社会治理的特定问题必须以"公益治理"的方式才能实现，公益治理是特定社会治理需求的重要实现形式。

2019年10月31日党的十九届四中全会通过的《中共中央关于坚持和完善中国特色社会主义制度、推进国家治理体系和治理能力现代化若干重大问题的决定》强调，发展慈善等社会公益事业，健全志愿服务体系，将公益慈善和志愿服务作为坚持和完善中国特色社会主义、推进国家治理体系和治理能力现代化的重要组成部分。这是党的文件中，第一次将公益慈善纳入国家治理的范畴，也是党在国家层面对公益治理可能产生的效果的极大期待。

第二节 公益治理的主体、客体与对象

一、公益治理的多元主体

正如国家治理、社会治理的主体在现代社会日益多元化的情形一样，公益治理的主体也是一个多元的格局。

从制度顶层设计的角度出发，中央政府和地方政府负责公益治理所必需的法律法规和政策政令的创设，为公益治理搭建基本的政策法律框架，让治理的行为在法治框架内进行。而基层政府负责执行这些顶层设计，并在其所负责的范围内协调包括公益组织在内的各种主体，协作开展基层治理。

从公益资源的生长集散的角度来看，企业扮演着公益资源提供者的重要角色。在当前中国的公益慈善捐赠格局中，年度捐款的 80% 以上都来自企业。同时，现代社会也给企业提供了多种参与公益治理进程的机会，除了传统的企业社会责任外，还有商业向善、绿色金融、影响力投资、社会企业等形式被开发出来。越来越多的企业也从单纯的经济主体转换为治理主体之一。

当然，对于公益治理来说，担负着最多一线任务的还是社会组织，特别是其中的专业公益慈善组织，如基金会、公益类社会团体和社会服务机构等。这些公益慈善类社会组织参与社会治理的形式有多种多样，包括资金捐赠、资源动员、社会服务、社会资本创造、社会问题解决、政策倡导、公众倡导等，并由此形成了一个以公益组织为重要主体的社会治理网络。

最后，在现代社会，治理主体除了有组织的机构力量外，还包括普通公民。社会问题最终会影响到个体，而个体以主人翁的姿态参与到公共事务的治理进程中，成为治理的主体，也是社会治理现代化的题中应有之义。

作为社会治理主体的政府、企业、社会组织、公民，在治理进程中发挥着不同的作用，彼此联系又彼此制约，使得社会治理现代化成为一种共治。

二、公益治理的客体和对象

公益治理的对象是现代化进程中层出不穷的社会问题。至于社会成员，是公益治理的客体而非对象，并且社会成员在公益组织和动员下更有机会成为社会治理的主体。

作为公益治理真正的对象，现代化进程中经常会产生贫富差距、劳资矛盾、医疗资源不足、教育不平等、就业不足、食品安全等社会问题。在改革开放之前，中国经历过一个"泛政治化"的时代，社会问题经常被政治化，这导致对于社会问题的解决路径有时走偏，以至于有时社会问题没有解决，反而又产生了政治层面的问题。而在改革开放提倡"解放思想、实事求是"的背景下，中国的社会问题逐渐回归其本来面目。当然，从泛政治化的时代走过来，这些社会问题也有一个"政治脱敏"的过程。贫困、教育不平等、社会心理健康、环境污染等方面的问题越来越多地被认为是单纯的社会问题，而非涉及核心政治利益的政治问题。而对这些社会问题实事求是的分析和解决，就成为社会治理的主流。

公益治理区别于国家治理和社会治理的地方，在于其将社会问题的解决主要限定在社会层面，并且更多地运用社会自身的力量去解决这些问题。实际上，在中国社会问题的演进史上，我们经常能够发现社会问题的制造者、社会问题的受害者，以及社会问题的解决者能够奇妙地重合在一起。经过有效的公益项目的施行，不但能够解决特定的社会问题，甚至能够将社会成员在社会治理中的客体身份成功地转化为主体身份，形成社会和人的全面发展进步。

三、公益治理机制如何在国家治理体系中发挥作用

公益治理机制如何在现实中建立？有学者认为，自然保护地公益治理机制的中国化包括三个层次：①通过具体制度设计，为私人主体自愿遵从自然保护地管理目标提供制度空间，贯彻私人主体自愿遵从自然保护地管理目标的机制理念；②构建平等协商的程序制度，激励私人主体自愿通过限定权利和约束行为等方式保护与管理自然保护地；③构建以多元参与主体之间的利益衡量与均衡为实质目

标诉求的公益治理实体制度。①

在现实中，公益慈善机构所关注的社会治理目标，不仅是直接通过制度设计和亲身参与实现的，实际上更是通过公益生态链条上每一个环节去和社会其他群体发生链接，即通过撬动更广泛的社会资源而发挥作用的。这些举措所指向的治理目标主要包括三个方面，即：公益慈善机构对社会资源的动员；公益慈善事业对国家治理体系现代化的促进；公益慈善效果对国家治理能力现代化的促进。

首先，公益慈善发挥着社会动员的功能。这是因为公益慈善是现代社会中不同人群的最大公约数。值得指出的是，公益治理并非公益组织的治理，包括政府、企业在内的所有利益相关方均可成为公益治理的一部分。而公益治理最大的特点是其公益性和志愿性。因其公益性，所以对包括政府、弱势人群在内的社会整体有利；因其志愿性，所以社会组织付出的成本最小。

其次，公益慈善作为社会治理体系的重要一环，有着促进国家治理体系现代化的功能。现代社会结构的扁平化，导致原有的科层制难以适应现代社会的需求。而公益治理则是对社会问题的直接回应，并且直接动员社会资源，其解决问题的链条最短，在理论上也可以达到最高的效率。

最后，公益慈善作为解决社会问题的创新动力之源，有着促进国家治理能力现代化的功能。在现代社会中，国家应给社会的成长留出充分的空间，进行社会自治的制度创新。而公益治理就存在于这个空间之中。特别是有一些社会问题，是国家和市场都难以解决的。而社会组织作为政府和市场之外的第三部分，承担了解决这部分社会问题的任务。在这个意义上，有学者指出，"以社会组织为主要载体的现代慈善，是国家治理现代化的有机组成部分和内在需求，也是国家治理体系与治理能力现代化建设的重要内容"。②

仍以孤独症人士的问题为例，国家政策很难覆盖，市场介入又乱象丛生，专业的社会组织就承担了解决问题的使命。广州市扬爱特殊孩子家长俱乐部等专业机构的路径是通过向社会募集资源，再通过专业的教育、康复等手段，对于孤独症儿童进行早期介入，以促使这些儿童能够有更好的心智发育训练，从而最大限度地发展自己的智力，能够融入正常的生活。

---

① 刘超. 自然保护地公益治理机制研析. 人口资源与环境，2021（1）：192 - 200.

② 高燕. 构建共同富裕下的中国现代公益慈善治理体系. https://www.zcf.org.cn/news/view/id/1764.

　　曹军所创办的"喜憨儿"项目则走了一条完全不同的道路，他不是靠社会公众的捐赠来为心智障碍人士提供服务，而是发现这个群体自身独特的优势，让其能够自力更生，通过自主就业从根本上解决自身的问题。这个模式后来在其他地区被广泛复制，如在顺德，就出现了政府出地、企业出钱、社工出专业服务，解决大龄孤独症人士就业的三方合作模式，运用该模式的服务机构在成立前后还特意去深圳的"喜憨儿"参观学习，将"喜憨儿"的经验融入了本地需求和本地资源之中。

　　关于孤独症人士的社会问题，有些热心人士也尝试过通过社会倡导而不是直接服务去解决。如电影演员李连杰在2010年主演了一部电影《海洋天堂》，倡导全社会重视孤独症儿童及其家庭所面临的困境，并引起了极大的反响。但事实证明，光靠呼吁和倡导不能解决根本问题，而是需要实实在在的服务机构。于是李连杰又参与创建了公益组织"壹基金"，将孤独症儿童的救治作为壹基金的主要项目，并且致力于建设全国性的孤独症儿童机构的协作网络，而这个项目的名称就叫"海洋天堂"。

　　公益组织实际上是在国家和市场之外，通过创新社会服务，寻找有效解决积重难返的社会问题的工具。它在现今这个复杂社会中，是一种越来越刚需的新型治理主体。而其解决社会问题的方法，也经常意味着创新的治理模式。

　　当然，在整个治理体系中，无论是从制度设计理念的来源来看，还是从治理执行者的个人价值观来看，国家当然是最重要的主体。体系和能力的现代化，实际上都绕不开国家治理价值的现代化。但要实现国家治理的目标，却不能只通过国家或政府来进行。如"喜憨儿"社会企业在顺德、广州等地的成功复制、"壹基金"助力的孤独症儿童服务机构网络建设的成功，都是通过社会力量助力国家治理能力提升的典型案例。

　　事实证明，在现代社会中，要深入解决社会问题，全面实现治理目标，就需要动员社会力量的加入。特别是在现代国家建设社会福利体系和社会服务体系的过程中，社会力量至关重要。其中社会福利体系的建设意味着国家兜底和社会资源动员，而社会公共服务专业供给、紧急性、临时性服务，是无法由国家单独完成的，需要把很多服务交由社会组织等公益治理的主体才能实现。

　　国家对于治理的内涵和社会力量的认识也在不断进步中。党的十九届四中全会所通过的关于国家治理的《中共中央关于坚持和完善中国特色社会主义制度、推进国家治理体系和治理能力现代化若干重大问题的决定》，其内涵非常清晰。即在国家治理体系和治理能力现代化这个大目标下，充分发挥社会治理的功能和作用，通过社会层面的参与，形成完善的社会治理体系和社会治理共同体，从而助力国家治理目标的实现。

第三节　公益治理面临的问题和挑战

目前公益慈善参与社会治理的主要形式以社会服务为主，这是在当下社会政策制度的背景下形成的。但过度集中于社会服务领域，也使得公益治理的综合效能未能充分发挥。梳理目前中国公益治理所面临的问题和挑战，大致在以下几个方面：

一、政策法律定位亟待明晰

2016 年《中华人民共和国慈善法》出台，不但为公益慈善事业赋予了更大的合法性，澄清了许多公益慈善的法律概念，也使得中国慈善法律的创设在法律文本层面得以完善。目前看来，在总体性法律上有《中华人民共和国慈善法》，而在组织层面上，我们会看到《中华人民共和国红十字会法》《社会团体登记管理条例》《民办非企业单位登记管理暂行条例》，并且经过多轮修订。而在公益行动支持型法律方面，有《中华人民共和国公益事业捐赠法》，以及一些广泛存在于刑法、民法中的监督型规定。这些法律条例以及相关的政策，构成了中国公益慈善的政策法律背景。

对于公益治理来说，重要的是如何使公益和社会力量在社会治理的各个环节都能发挥作用。而现有的政策法律体系，对于公益组织的合法性与自身机构完善、公益行为的规范性、公益组织的监督等存续性相关的政策和法律，有了较为完善的规定，但对于公益组织的定位尚不明晰，对其发展空间和路径未能明确，特别是对公益组织在社会治理体系中的功能并未完全界定。这些都限制了公益治理目标的实现。

二、公益组织能力不足

相比有着成熟公益慈善体系的国家，目前中国的公益项目的成功率不高，效果不明显，解决社会问题的能力不足。从外部看，当然有其政策、法律、文化、社会环境等方面的原因，从内部看，原因主要在于公益组织项目管理人员在项目执行过程中虽然有理念和热情，但普遍缺乏理论指导、方法运用和工具支持。同时，行业内的能力建设的机构和模块，也缺乏相应的培训体系和产品为公益机构提供支持。公益组织的能力难以得到持续的发展。

三、公益慈善生态链条不完善

公益组织、公益事业有它自己成长的规律和动力，公益的社会化并没有减弱。而且公益组织现在已经开始走向社区化、专业化、市场化、组织化，但这个过程太过缓慢。也就是说，社会各部门共同参与的"大公益"尚未形成。许多公益慈善事业的外部链条尚不完整。如企业和企业家、作为上游组织的基金会、作为服务机构的社会组织、作为监督者的媒体、作为行业标准制定者的行业组织、作为引导者的政府，他们相互之间的关系尚不明晰，工作流也不顺畅。不完整的公益慈善生态链条难以嵌入社会治理体系。

四、公益治理人才供给不足

中国公益慈善从业者的薪酬水平相对于政府部门和商业部门而言较低。这就限制了公益慈善行业所能吸引的人才。根据美好社会咨询社（ABC）《2018年度公益行业薪酬与人才实践调研报告》，在2018年，67%的公益组织从业人员对最近一年职位发展的期望为提升当前岗位所需知识和技能，同时该报告也显示公益组织从业人员公益项目管理及评估类的培训缺口仍保持在18%。[①]

另外，根据公益中国《2014中国公益行业人才发展现状调查》，仅近三成从

---

① 文梅.《2018年度公益行业薪酬与人才实践调研报告》在京发布. 公益时报，2019－02－22.

业者接受过相关岗位技能培训，这些培训项目中，无偿培训是主流。调查显示，83.1%的公益机构为员工提供或购买过提升岗位技能的培训。但是受困于资金短缺，近五成培训是其他机构提供的无偿培训。虽然人才培养计划覆盖近三成从业者，但其中，中高层管理者居多，占 68.7%；普通工作人员只有 17.4%。而能力建设的不足，也导致一线项目管理人员的知识与技能缺乏。[①]

当然，公益领域的薪资水平最终是取决于他为社会做的贡献，而不是他能够在社会中争取什么样的位置。在中国，刚刚发展的公益组织的从业者，可能更多需要问自己为社会提供了什么样的价值，再去看这些贡献和自己薪资是否匹配。公益行业的真正价值尚未被开发出来，这是行业薪酬低和人才供给不足的真正原因。

五、公益慈善知识体系尚未建立

在中国公益慈善界，由于历史的原因，并未形成一套完整的适应中国国情的公益慈善知识体系和行业标准体系。公益行业知识的碎片化和与实务工作的脱节，导致公益组织的能力不足。而现有的公益行业项目管理相关的培训课程质量参差不齐、不成体系，无法构建支持中国与世界公益慈善领域高度发展的知识体系。因此，在公益知识体系的生产领域，需要研究人员和教育工作者做更多的工作，承担更多的责任。

2016 年《中华人民共和国慈善法》正式实施，明确规定"学校等教育机构应当将慈善文化纳入教育教学内容。国家鼓励高等学校培养慈善专业人才，支持高等学校和科研机构开展慈善理论研究"。这意味着对公益慈善人才的培养，以及公益慈善知识体系的构建，成为国家政策法律所推动的事业。在中国，国家治理体系和治理能力的现代化，需要更多公益人才，以及公益教育体系的完善。

---

① 高一村.《2014 中国公益行业人才发展现状调查》发布 解读 2014 中国公益行业人才发展现状. 中国社会组织，2014（21）：25 - 27.

第二章

公益治理：
公益组织如何发挥治理功能

根据《慈善蓝皮书：中国慈善发展报告（2022）》的数据，2020 年我国慈善资源总量为 4 114.84 亿元，其中慈善捐赠为 1 534 亿元，志愿服务贡献价值折现为 1 620 亿元，彩票公益金为 959.84 亿元。2021 年我国慈善资源总量为 4 466 亿元，同比增长了 8.53%。公益慈善事业的蓬勃发展，为我国公益治理事业的推进提供了坚实的基础。但要将日益扩展的公益慈善体系嵌入社会治理体系，让公益组织发挥治理功能，在现实中并不容易。

第一节　作为公益治理主体的公益组织

社会治理基本功能的实现及社会治理的社会化，是需要通过有组织的治理行动来实现的。也就是说，想以社会力量解决社会问题，社会本身要有力量。公益组织参与社会治理，是创新社会治理的有效途径，有利于理顺政府与社会的关系、激活社会力量参与社会治理的潜力、拓展多元主体参与社会治理的社会化渠道。

根据 2022 年《中国民政统计年鉴》数据，截至 2021 年底，全国社会组织总量为 901 870 个，其中慈善组织数量为 11 592 个，占比为 1.29%，慈善基金会作为慈善组织中的最重要构成，截至 2022 年底为 9 369 家，占社会组织总量的比例为 0.1% 左右。[①] 同时，全国慈善组织中具有公开募捐资格的有 2 459 家，已备案慈善信托超过 700 单，财产总规模超过 36 亿元。作为经济社会发展重要主体，社会组织也成为我国公益事业重要主体。[②]

公益治理的主体之一是公益型的社会组织。如"来自星星的孩子"入学受教育这种特殊需求，就需要专业的孤独症关爱机构通过日常康复训练、对教师和家长的专门培训以及对家长的喘息服务等才能满足。所以，要真正解决社会问题，达成社会治理目标，必须依赖相关的公益组织功能的实现。目前，随着公益组织数量的不断增长，大量的社会资源开始动员起来。

以社会组织中作为公益资源集散者的基金会为例，基金会是现代社会中利用

---

① 章昱兴. 代表委员提出了这些慈善建议. 慈善公益报，2023 - 03 - 12.
② 李璟. 全国慈善组织超 1 万家　社会组织数量将突破百万大关. 长江商报，2022 - 01 - 28.

捐赠的资源从事公益慈善事业的一种重要组织实体，在解决社会问题、促进社会良好运转上发挥着重要作用。在西方现代化历史上，出现了各种将私人财富用于公共慈善事业的基金会，这种慈善基金会旨在资助诸如教育、科学、医学、公共卫生和社会福利等领域的研究或服务项目。

中国的现代化进程也伴随着基金会这种公益组织的成长而发展。截至2020年底，我国基金会总数已超过8 400家，其中90%以上是在2004年中国出台《基金会管理条例》后成立的，说明基金会的组织发展受政策影响颇大。

在《中华人民共和国慈善法》出台之前，中国的基金会可以被分为公募基金会和非公募基金会两种，前者享有法定的向公众募集慈善资源的权利，而后者则只能由出资者在小范围内聚集慈善资源。但在2016年《中华人民共和国慈善法》出台后，无论是何种类型的基金会都有机会享有公募资格。这就促使各种类型的基金会都更加注重自身的组织建设、为募款而进行的项目设计，以及对于捐赠者的管理。

关于捐赠者管理，其实捐赠者最为看重的，就是基金会能够通过专业的服务、高效的资源运作管理和及时准确的信息公开，让捐赠者的资源得到充分利用以及捐赠目的充分实现。为此，基金会对于有指定去向的社会慈善资源，严格按照捐赠方的意向遴选受赠对象，及时传递慈善资源，并向捐赠方进行及时、准确的反馈。对于没有指定去向的社会慈善资源，要有意识地将这些资源与专业服务的开展结合起来，而非单纯地、一次性地使用这些资源。

与此同时，要做好社会慈善资源的高效利用和信息公开，通过各种方式向捐赠者反馈社会慈善资源的使用情况和效果。这是双方建立信任关系的重要方式，也是促使捐赠者持续捐赠、持续支持服务的重要途径。

实际上，对捐赠的慈善资源进行更有效率、更透明的使用，是基金会在捐赠者管理中最核心的内容。公益慈善事业的蓬勃发展，社会组织治理功能的发挥，与政策利好和法律规范是分不开的。在慈善资源的集散方面，规范型法律法规逐步出台，让慈善资源集散的环境更为完善。

在中国，若论政策环境对于包括基金会在内的公益组织的影响，从长时段来看是趋向于进步和宽容的。以《中华人民共和国慈善法》、《中华人民共和国境外非政府组织境内活动管理法》、国务院《志愿服务条例》等为代表的政策法规都强调一方面促进社会组织发展，另一方面才是加强监管。现有的法律政策都已基本成型，法律不但是用来规范社会组织的，也是用来规范政府行为的。在这个意义上，来自政府的监管会促进行业整体的有序发展。特别是税收、财政、活动方面的监管会使得社会组织向现代科学管理的方向改善，从长远上看会更有竞争力。

西方的治理现代化理论有"第三方治理"的说法，指的是在政府与市场之外，由非营利组织加入形成第三方参与治理，以及政府与非营利机构、私人机构等形成伙伴关系。但在治理实践中，实际上不只是非营利组织作为第三方，还有第四、第五乃至更大范围的多元治理主体的参与。如媒体、网络平台、家庭、社区、公民个体等，都可以作为多元治理主体参与到社会治理现代化的进程中来。

非营利组织之所以在西方社会治理中会担任重要角色，是因为美国和欧洲的私人部门发达，以及长久以来已经形成了非政府的私人机构解决问题的路径依赖。政府和民众遇到更多公共服务的问题，自然想到私人机构。但中国的传统恰好相反，长久以来是政府作主导。这导致社会组织在社会治理功能的发挥上是先天不足的。

不过，从根本上来说，公益组织发展的动力在于社会需求，而非政府扶持。中国特色社会主义已进入新时代，面对新时代的社会建设与社会治理要求，中央和地方政府日益重视包括公益组织建设在内的社会管理创新机制的建设。党的十九大报告强调在社会管理方面的社会协同和公众参与。公益组织的分类、功能、布局及发展方向研究，即是对这一战略布局的重视。

有需求就有供给。随着中国社会的市场化和经济增长，公共服务、自治、交流、共同体方面的需求呈现爆发式增长，以满足这些需求为目标的社会组织一定会大幅度增加。社会组织的规模和数量是由社会需求决定的，这也可以解释为什么最近几年的政策环境对比前些年确实有所收紧，但社会组织的数量仍以每年两位数的速度增长。而且我们有理由相信，只要社会需求确实存在并且已被发现，在《志愿服务条例》出台之后，这个增长速度仍不会降低。

第二节　公益组织参与治理的动因和方式

公益组织是社会组织的重要组成部分，在社会治理体系中是参与社会治理

"第三部门"中的重要力量。关于公益组织为什么要参与社会治理，各种治理理论有多种说法。笔者认为，中国公益组织参与社会治理的主要动因是社会性的，而非政治性的或经济性的。具体说来，中国公益组织参与社会治理的动因主要体现在以下六个方面：

1. 解决社会问题

针对性地解决社会问题，改善社会环境，是政府机构和公益组织的共同使命。实际上，解决社会问题的主体从比较接近行政化到非行政化，从比较接近市场化到非市场化，其弹性的范围很大。这就是比尔斯和格伦内斯特提到的"模糊性"所在。政府的"官僚科层制"限制了政府行动的自由，容易导致官僚主义、文牍主义、行为僵化、反应迟缓。而非政府组织（NGO）则行动更方便，反应更迅速，因此能更好地适应环境的变化。这种灵活性可以促使其更好地满足社会成员对公共物品多元化的社会需求，从公共管理视角看，可以提高公共管理的回应性。

2. 动员社会资源

社会治理是需要成本的，解决各种社会问题都需要从金钱、设备、技术到人力等各种资源。而公益组织的专长就是能够充分发动社会的各种资源，减少政府财政负担。在大龄孤独症人士的问题中，某大型网络平台公司固然有着丰富的资源，包括信息技术、资金等，但这些不足以解决大龄孤独症人士社会服务缺位的问题，于是他们才需要通过某公益慈善教育研究机构的帮助，链接孤独症专业组织、医生和医疗资源、关注此问题的企业家，并通过媒体资源倡导公众和政府关注此议题，如此才能解决相关的社会问题。

公益组织进行社会资源动员是有其独特优势的，那就是比其他主体的动员成本更低，效率更高。这是因为公益组织的工作可以自我驱动，极大地降低有关集体行动的交易成本。在这个群体网络中，人们长期交往、相互了解，可以省去大量的搜寻过程。非政府组织的成员通常归属于同一个群体网络，分享了某种共同的价值观，这无疑会大大降低契约被破坏的风险，提高集体行动效率。

3. 提供社会服务

公益组织注重在政府和市场薄弱的环节提供服务，对象也多是社会弱势群体。特别是诸如全国性的老牌公益组织中国乡村发展基金会（原中国扶贫基金会）开展小额信贷项目去助力没有资源的贫困农民走出贫困、美丽乡村项目把改善农民居住条件和农村发展结合起来，青基会的"希望工程"向最缺乏教育资源的农村青少年提供教育援助等，都是以社会弱势群体或边缘性社会群体为服务对象的。

公益组织参与社会治理的最主要方式，就是以社会力量提供社会服务。目前中国的公益组织通常做的就是动员社会力量，聚集公益资源，并通过提供社会服务而参与解决各种类型的社会问题。公益组织的从业者和志愿者往往都是相关领域的工作人员，甚至是专家。在服务中，他们的独特优势是其专业性。如对于孤独症人士的服务，他们就不会仅仅追逐媒体热点去服务小龄儿童，而是针对孤独症人士在生命的不同阶段，梳理其不同的服务需求，如康复服务、生活技能学习、入学就业、社区融入等。专业化的背景，使其具有效率和效能，针对性地满足各种需要，在心理上更知道如何与服务对象接近，达到预期的效果。

4. 创造经济价值

由慈善事业延伸出来的"社会企业""慈善信托""影响力投资"等，已经成为经济发展中的一支支重要力量。带有慈善基因的机构在解决就业问题、促进经济发展方面发挥着重要作用。据调查，在有的发达国家，从事公益慈善事业的人数占总就业人数的10%，而公益慈善事业创造的价值能够达到GDP总量的5%。

当然，目前中国的社会组织的经济规模还相差很远。对社会组织经济价值的最新测算是在2017年由中央党校马庆钰教授团队做出的。据他们统计，2016年，全国社会组织增加值总量约为2 789亿元人民币，占当年GDP的0.37%，占当年第三产业增加值的0.73%。而同年全国社会组织总支出约6 373亿元人民币，占当年GDP的0.86%，约占当年第三产业增加值的1.66%。尚有较大的发展空间。

5. 和谐社会关系

社会和谐与否也在一定程度上取决于社会各利益群体间合作、社会利益群体与政府间合作的水平如何。但由政府直接面对利益群体，则会有更多不确定性。为社会稳定考虑，将社会群体的利益和意见经由相关代表性机构进行理性过滤，更容易达成政府、市场和社会的合作，以及建立良好的社会关系。

各类公益组织实际上是代表了社会上弱势群体的利益。这些弱势群体维护自身利益、自己发声的能力较为薄弱，因此需要社会层面的代表形成自下而上的政治和经济要求。而由于代表通常是整个群体中的精英人士，其理性认知能力、沟通合作能力都会更强。这样，无组织的群众可以通过组织性的代表的理性判断，在合理的范围内增加合作机会、提高合作效率、降低合作成本。

在社会层面，在公益组织的内部能够以公益慈善的理想推动成员勤勉工作，为了事业而自愿奉献，不计报酬。这可以提高服务质量并降低运营成本，与公众建立良好的公共关系。而在公益组织的外部，其与企业、政府、其他公益组织之间的合作，让更多社会成员的行为具有公益性和志愿性，这些社会关系层面的变化，也让政府、企业和社会组织更容易贴近公众并得到公众信任，从而让整个社会关系变得更加和谐。

6. 提升道德水平

社会治理的成效如何，不但取决于治理的主体，更取决于治理的对象。公益组织往往是由具有强烈使命感的人发起的，其成员和支持者也是对该事业具有爱心和奉献精神的人，他们对组织具有强烈的归属感和使命感。这种优势是其他任何组织都无法比拟的。根据诺贝尔经济学奖获得者科斯的交易成本理论来分析，非政府组织这种非正式制度是基于社会网络和组织成员间的长期互动所形成的规范、惯例、信任和意识形态等人类行为的非正式约束规则，是一种组织的社会资本。它内化于行为者思想意识当中，约定了交换的原则，厘清了人们的社会义务和权利。

综上所述，公益组织是实现社会治理社会化的重要主体和抓手。作为社会治理的重要主体，其参与社会治理的动因多是社会性的，而非政治性的。如何发挥其在社会治理中的正向作用，为中国治理体系的现代化和治理能力的现代化开辟新的路径，已成为政府和学界长期共同关注的重要课题。

那么，上述公益组织参与社会治理的动因如何进入实践层面？哪些具体因素影响着公益从业人士、捐款人和志愿者的选择？各因素影响程度如何？从目前中国社会环境状况和大多数公益组织的现实选择来看，社会服务已成为当下中国公益治理的主要方式。

习近平总书记曾在《在中央政法工作会议上的讲话》中深刻指出："社会治理是一门科学，管得太死，一潭死水不行；管得太松，波涛汹涌也不行。要讲究辩证法，处理好活力和秩序的关系。"当前，我国进入了社会矛盾多发期，各种人民内部矛盾和社会矛盾产生。要动员社会力量，完成治理目标，必须从多元主体的视角，充分肯定和支持公益组织的社会治理功能。

第三节　公益治理体系的八大组成部分

如何发挥公益组织的作用，提供专业的社会服务，以实现社会治理的目标？这就需要我们把格局提升到单纯的社会服务之上，从治理现代化的全面要求来认识公益治理的具体内容。即社会治理现代化不是靠某项公益组织的服务职能就能达到的，也不是某个领域的公益慈善成效就能实现的，而是必须靠将成型的公益生态嵌入社会治理体系之中方能实现。

所谓公益生态，意味着和公益有关的社会要素相互之间形成稳定可靠的供需链条和生存网络。在这个网络中，类似中央政府、地方政府、企业、家族、公益组织、行业组织、智库、公众、媒体、志愿者、社会弱势人群等各种社会要素之间彼此支持、协同，交换资源和价值，形成共生的局面。党的二十大报告提出了社会治理现代化的诸多目标，如"健全共建共治共享的社会治理制度，提升社会治理效能""健全城乡社区治理体系"。这给公益生态的发展，而非单纯的公益组织的发展提供了广阔的空间。目前，中国的公益慈善事业要形成公益生态并嵌入治理体系，以发挥治理层面的功能，主要是在以下八个方面开展起来，这也可以被视为中国的公益治理体系的八大组成部分，它们分别是：

一、制度建设：以公益治理推动社会治理体系完善

社会治理是国家治理的重要方面。必须加强和创新社会治理，完善党委领导、政府负责、民主协商、社会协同、公众参与、法治保障、科技支撑的社会治理体系，建设人人有责、人人尽责、人人享有的社会治理共同体，确保人民安居乐业、社会安定有序，建设更高水平的平安中国。

在结构日益复杂的现代社会，公益治理要发挥作用，必须借助法治的力量。这和政府作为治理主体要树立权威、发挥作用的原理是一样的。因为政府权威的树立并不是一个权力单向的、自上而下行使的简单过程，而是在互动中不断优化治理能力。这就需要我们正确地理解权力与权威之间的关系。现代社会在大多数情况下是靠权威来维系和管治的；政府权力也必须在取得合法性和人们认同的情

况下才能成为有效的权威性力量。

而国家治理能力最重要的，就是通过制度和制度执行的力量，唤起社会成员自觉自愿的拥护与支持。通过政策倡导促进社会治理的法治化，用法律的权威树立政府的权威，是被实践证明最有效的选择。当前，全国各地都在推进社会治理领域建设，但是迄今为止，各地社会治理创新的法治化程度仍然有所不足，社会治理的制度化和规范化发展仍然存在需要进一步完善的地方，是可以大有作为的制度创新洼地。

在政府权威的法治化这方面，公益慈善作为政府依法行政的助力，是实现国家治理能力现代化的重要依托，是社会治理的基础设施。如像"乙肝平权"这样的一线公益组织，抓住立法的有利机遇期，推动国家立法撤销许多单位对于乙肝病毒携带者的歧视性用工规定。而在另外一些领域，特别是在运用法治的思维和法制的手段协调关系、化解矛盾上，公益组织、社会心理服务机构、公益法律援助机构，都有着得天独厚的优势。

二、捐赠动员：集散资源助弱以促进社会平等公正

从捐赠人角度所说的捐赠，从公益组织的角度来看，就是一个筹集社会资源的过程。经过筹资这个环节，普通的社会资源、商业资源才会成为正式的公益资源。在市场经济发展的过程中，先富起来的人群积累了巨量的社会资源，并且其中很大一部分有能力、有意愿将部分财富捐献出来从事公益慈善事业。而互联网公益之所以成为最方便的筹资方式，就是因为对中产阶级的中等或小额捐赠提供了便利。捐赠或筹资的这个过程，不但是资源筹集的过程，而且是对全社会各个阶层所做的一次公益慈善动员过程。

对公益组织来说，筹集公益资源很重要，但如何使用公益资源可能更为重要。对于公益资源的使用，在宏观上是以促进社会公正为方向的。党的十九届四中全会正式提出"共同富裕""第三次分配"，正是向现代化进程中必然出现的贫富分化和社会不公宣战，而且明确地提出以公益慈善事业作为第三次分配的主要形式。

至于说公益组织如何具体地分配已经筹集到的公益资源，从以往的实践来看，公益资源将会流向社会最为需要的部分，也是人们普遍认为可以解决社会问

题的领域，如教育、医疗、扶贫、养老、育幼、救灾等。公益资源的集散可以被视为社会资源的第三次分配，将有利于全社会走向共同富裕。

三、应急减灾：补足应急治理短板以提升治理能力

灾害响应和救助能力，是国家和社会最重要的治理能力之一。中国在历史上发生过许多灾害，因此在中国提升政府、企业、社会和公民的应急减灾能力非常重要。但从以往救灾管理方面的经验来看，传统的应急减灾模式已成为中国社会治理体系中的一块短板。如响应机制不完善、捐赠管理不足、物资分发效率低下等，都可能在十万火急的救灾过程中造成严重的后果。为加强全社会应急减灾方面的能力，中国前几年成立了专门的应急管理部，以理顺在应急减灾方面各个主体之间的关系。

而在应急减灾的整个治理体系中，公益慈善组织由于扎根民间，专业性强，往往成为灾害发生之后的第一反应者之一。如在 1999 年的中国台湾"921"大地震发生后，慈济比来自官方的救援者更早赶到现场；汶川地震时，慈济在第四天就将三千多箱救援物资专机运往成都。在甘肃岷县漳县地震、四川雅安地震后，民间公益组织"壹基金"第一批到达现场。有这样迅速反应的能力，是因为公益慈善组织大多扎根民间，或者本身就在长年备灾，自然响应及时。如凤凰卫视在报道中评论道："921 开始，台湾每个灾难现场，慈济人的蓝天白云，经常比记者快，比救援部队快。慈济人不讲'动员'，因为停了才需要再动。慈济人从来不停，当灾难来临时，自然比谁都快，而最真实的基层网络，成为反应最快的末梢神经。"①

公益治理所提供的应急减灾能力，可以充分动员社会和市场的力量，补足救灾动员等方面的短板，提升灾害救助的效率，挽回更多的生命财产损失。中国人对于救灾方面的重视，也使得救灾过程可望获得更多的社会资源，以提升整个社会应对灾害问题的能力。

---

① 陈文茜. 台宗教团体积极救灾　佛寺为灾民破戒.（2009－09－02）. https://news.ifeng.com/opinion/phjd/jm/200909/0902_1923_1331426_3.shtml.

四、社会服务：以专业服务满足人民美好生活需要

党的十九届四中全会《中共中央关于坚持和完善中国特色社会主义制度 推进国家治理体系和治理能力现代化若干重大问题的决定》强调，要创新公共服务提供方式，鼓励支持社会力量兴办公益事业，满足人民多层次多样化需求，使改革发展成果更多更公平惠及全体人民。需要提供的基本公共服务包括幼有所育、学有所教、劳有所得、病有所医、老有所养、住有所居、弱有所扶等。而基本公共服务的内容则包括：要统筹完善社会救助、社会福利、慈善事业、优抚安置等制度；要坚持和完善促进男女平等、妇女全面发展的制度机制；要完善农村留守儿童和妇女、老年人关爱服务体系，健全残疾人帮扶制度；要坚决打赢脱贫攻坚战，巩固拓展脱贫攻坚成果，建立解决相对贫困的长效机制，等等。而在这些基本公共服务实现的过程中，社会组织特别是公益组织是当仁不让的。

五、志愿服务：通过公众倡导让社会生活更文明

慈善本身就是为了公共利益的志愿行动，这与社会治理的目标完全一致。而在现代公益慈善事业中，社会公众参与公益慈善的方式也不能仅仅停留在捐款捐物的层面，而是应该身体力行，通过志愿服务直接参与社会问题的解决，做出自己的贡献。这就意味着志愿服务的主体通过自身的参与而成为社会治理的主体。

同时志愿服务对于作为社会治理主体的志愿者也有着培养教育的功能。实际上，参加志愿服务不仅是提供自己的时间和精力去献出爱心，同时也是深入了解受助对象、强化公益体验的重要途径，志愿者在这个过程中所得到的精神上的收获并不亚于那些被帮助的对象。志愿者本身的行动就是对公众的最有效倡导，越来越多的志愿者加入公益慈善进程中来，整个社会的风气会变得更加文明。

六、环境治理：实现环境保护与经济发展动态平衡

随着经济发展所带来的环境污染问题越来越受到人们的重视，全球变暖也造成自然灾害的多发和人类未来环境危机的可能，近年来党和政府多次出台政策加

强环境保护，致力于实现双碳目标。而以往世界范围内的环境保护案例和数据都表明，单纯的市场经济难以避免环境污染的问题，单纯依靠政府的政令也无法根除环境污染的动因。因为在现实中，环境治理必然触及一些人和机构的利益，阻力颇大。环境问题的全面解决需要依赖政府环境政策的执行到位、全社会的环境教育、可持续发展的模式探索等。目前看来，环保公益组织参与环境治理的主要方式包括环境保护、环保倡导、环境运动和环境诉讼这四种。在这些环境治理的具体操作中，环保公益组织所贡献的坚定理念、专业能力、公众动员，都是环境治理达到最佳效果的前提条件。

七、市场治理：影响力投资引导企业实现社会价值

市场治理体系是社会治理体系的重要组成部分。和改革开放前四十年企业主要是作为经济发展的主体不同，在改革开放的下半场，企业也将扮演社会治理主体的角色。这就需要将传统的商道融入善道，让企业在实现其经济价值的同时也能够实现其社会价值，并在两者的加持下形成可持续发展的能力。

以影响力投资为例，其与传统投资和传统慈善、传统治理都不相同。传统投资主要注重经济上的回报，容易在投资的同时不注重环境问题和社会负面影响；传统慈善的风格是更多地将注意力放在社会影响力，因此不计成本和回报；传统治理也是通过低息或零息贷款支持基层政府机构去做社会服务，但面临资源不足和专业度不够的问题。而影响力投资则强调经济回报和社会价值同等重要，并成为治理体系的一部分，这应该是现代的市场治理的典型方式。

八、基层治理：社会力量助力基层治理格局的优化

党的十九大报告指出要"推动社会治理重心向基层下移，发挥社会组织作用，实现政府治理和社会调节、居民自治良性互动"。① 应通过参与城乡社区治理健全基层群众自治制度，健全基层党组织领导的基层群众自治机制，在城乡社

---

① 习近平：决胜全面建成小康社会 夺取新时代中国特色社会主义伟大胜利——在中国共产党第十九次全国代表大会上的报告. https://www.gov.cn/zhuanti/2017-10/27/content_5234876.htm.

区治理、基层公共事务和公益事业中广泛实行群众自我管理、自我服务、自我教育、自我监督，拓宽人民群众反映意见和建议的渠道，着力推进基层直接民主制度化、规范化、程序化。

要建立共建共治共享的社会治理新格局，就要健全党组织领导的自治、法治、德治相结合的城乡基层治理体系，健全社区管理和服务机制，推行网格化管理和服务，发挥群团组织、社会组织作用，发挥行业协会商会自律功能，实现政府治理和社会调节、居民自治良性互动，夯实基层社会治理基础。

上述八个方面构成了中国公益治理的主要内容。本书以下八章（第三到第十章），即围绕着公益治理这八个方面而展开，并且在每章的第三节以相关领域具有代表性的公益治理案例来说明问题。

当然，在公益治理的内容中最优先也是最重要的，是基本制度体系的建设，这也是其他七方面的内容得以展开的前提。自改革开放以来，在中国社会治理体系的建设进程中，制度环境对公益慈善事业的影响，以及公益慈善对制度环境的改善，早已是题中应有之义。

第三章

制度建设：

以公益治理推动社会治理体系完善

第一节　新时代政社关系变化
与公益治理的实践可行性

一、改革开放后的政社关系变化：从权力视角到治理视角

想理解中国公益治理的政策法律环境，首先需要理解公益治理的外发动力——治理视角下的政社关系及其趋势走向的变化。以往对于政社关系的解读通常都采用"第三部门理论"，但这种理论在解读中国政社关系时遇到了困难。因为在中国，政府、市场和社会部门之间的界限一向是模糊的，像国字头的官办基金会，就完全无法用"第三部门理论"来解读。而在更大的范围内，以独立第三部门来理解公益慈善和社会组织，两者的定位、特征、宗旨、实践取向都不能完全符合，总有生搬硬套的感觉。

不仅如此，基于部门的理论或许会掩盖重要的趋势和细节。例如，基于部门视角分析，则必然将第三部门的公益组织视为权力争夺者。而治理视角则将公益组织视为政府的帮手和解决社会问题的治理主体之一。因此，治理视角不但是社会组织相关理论进步的需要，同时也具有重要的现实价值——解决社会问题的合作者的问题。即对于两者关系的研究更为重要的应该是政府和非营利组织如何互相合作以提供服务和制定政策。在以新的治理框架解决了权力合法性和主次问题之后，社会治理问题就成为基层政府和社会组织同时重点关注的对象。

历史上对政社关系的理解跳不出两个视角：权力视角和治理视角。所谓权力视角，就是以政治统治为目标来理解和规范政社关系，从维护政治权力稳固的角度，将政社关系中出现的大部分问题都做政治化的解读。所谓治理视角，就是以社会稳定和发展为目标来理解和规范政社关系，从解决社会问题、实现善治的角度，将政社关系中出现的大部分问题都作为社会问题来解读。

在改革开放之前的某段时期内，整个社会强调以阶级斗争为纲，将社会生活"泛政治化"，许多经济活动甚至日常生活都被赋予政治含义的解读，从而导致社会生活的僵化。如曾经在中国已有上千年传统的慈善形态"义庄""善堂"等

被认为是封建余毒而没落，在中国发展了近百年的有现代色彩的慈善机构也被视为"资产阶级的伪善"而被取缔。原本在慈善领域所提供的社会服务，全部由政府提供，这也导致社会公共服务的效率不高，以及政府为层出不穷的社会问题所累而不堪重负。

而在改革开放之后，党及时调整了执政理念，强调社会主义市场经济建设，鼓励更多的社会力量加入经济和社会发展的进程中来。人们对政府与社会关系的理解，也从权力视角转变为治理视角，即企业和其他社会力量与政府一样，也是解决社会问题的主体。在20世纪90年代，由梁从诚先生创办的中国第一个民间环保公益组织"自然之友"成立，在环境保护和公益倡导方面做出了巨大的贡献。

从权力视角来看，公益组织参与社会治理是对权力稳定性和绝对权威的冲击，因此是不被鼓励的；而从治理视角来看，公益组织既是社会治理所必不可少的治理主体之一，也是政府进行社会治理的得力助手，以及社会政治稳定的支柱之一。后一种解读的内在逻辑在于：当前中国社会的主要矛盾是人民日益增长的美好生活需要和不平衡不充分的发展之间的矛盾，如果不能够解决这个主要矛盾，那么就无法完成在新时代的任务。而要解决这个主要矛盾，就必然要通过对一个又一个具体社会问题的化解才能实现。而在这一方面，以解决社会问题为宗旨的公益慈善机构可以成为政府最得力的助手，以及解决社会问题的先锋。

也正是基于对包括公益组织在内的社会力量的这种新的理解，党的十九大报告将社会管理改为社会治理的提法，实际上已经表明了党的政策取向变化，即将社会治理的主体，从政府扩展为包括公益组织、企业和公民在内的多元主体。党的十九届四中全会进一步提出"建设人人有责、人人尽责、人人享有的社会治理共同体"。党的二十大报告也提出"夯实国家安全和社会稳定基层基础，完善社会治理体系。健全共建共治共享的社会治理制度，提升社会治理效能"。上述关于社会治理主体的政策论述，说明社会治理主体范围的扩大，既是经济社会法治的必然要求，也是党顶层设计的结果。

所以，对中国当代政社关系内涵的理解，实际上经历了一个从权力视角到治理视角的转换过程。这个过程经常反复，迄今尚未完成。但大的方向和趋势是确定的，即无论从经济社会法治的规律，还是党的既定决策来看，治理视角已经并且将在很大程度上取代权力视角，成为理解政社关系的主流。

二、两种视角转换期间的政社关系

值得注意的是，在两种视角转换期间，社会政治生活会出现三个重要的特征，一是权力视角的遗留，二是政府保障与社会公益之间的拮抗效应，三是政策往往先于法律，这三者都会直接影响到政社关系的实际走向。

首先，从权力视角向治理视角的转变，并非一蹴而就，而是一个需要经过折冲、进步、回潮、转换等多个反复的过程。因此在很长一段时间内，对于政社关系的理解和处理还不可避免地有权力视角的遗留。这种权力视角的处理在很大程度上是必要的，如在社会组织因快速发展而出现过多过滥的情况时，就会有地方政府出台"降速提质"的系列政策，以优化包括公益组织在内的社会组织发展格局。

不过，权力视角的遗留也在一定程度上改变了社会组织的行为。如许多组织过于脆弱，依赖政府购买服务等支持，一旦失去了政府的支持就无法生存。所以和一些国家公益慈善等第三部门是为了解决市场失灵和政府失灵相反，中国存在志愿失灵的情况，很多社会组织更愿意依附政府，而不是独立开展活动。同时，政府行政权力在公益慈善事业中的强力角色，也让社会组织更加偏向于服务政府的需要，而非社会的需求。

要解决这方面问题，一方面需要明确影响社会稳定的风险，究竟是因为有社会力量的存在，还是社会力量的缺失导致严重的社会问题一直没有解决，由此去除对于社会组织发展的不必要限制，通过建立普遍的规范而监督规范其成长；另一方面要大力鼓励公益组织的发展，让对于解决社会问题更有效的组织得到足够的支持。

总的来说，权力视角向治理视角的转变，这种历史进步已经形成，不能再走回头路。面对社会中存在的严重的社会问题，应该从治理视角出发，鼓励更多的社会力量去参与解决社会问题，从而达成真实的社会和谐与政治稳定。

其次，政府保障与社会公益之间的拮抗效应时有发生。从经济社会发展的情况来看，随着市场经济和法治进步，中国逐步进入一个复杂社会。社会形态与政治决策复杂化，但政府与社会之间的部门分工尚不明确。社会公共服务的格局本来应该是这样的：一般来说，政府应该负责兜底的社会保障体系建设，而公益慈善则负责个性化的公共服务需求。两者之间存在互补的效应，同时也相互拮抗。

例如，政府所建立的社会保障制度对民生基本需求的满足程度如何，决定了公益慈善事业是以发展型慈善为主，还是以救助型慈善为主。从民生需求的满足出发，政府提供的基本民生保障程度与社会提供的慈善之间存在拮抗效应，基本民生保障越完善，社会力量参与基本保障治理的空间就越有限，而发展型慈善的空间越大。反之，则社会力量提供基本保障服务的空间就越大，慈善势必更多关注弱势群体的基本需求，发展救助型慈善。

从更大的范围来看，权力政治的发展如何更加制度化和可预期？政府如何更加注重以治理视角制定政策法规？公益组织如何从专业的角度支持政府治理决策，取得治理效能？这些问题的回应都关系到政社关系的良性互动能否达成。

最后，政策先于法律带来社会动员效应。在中国，政策制定往往先于法律修订，并且为法律修订指引方向。因此，这为权力视角转换为治理视角提供了可能的进路。2016 年《慈善法》出台，以及 2022—2023 年《慈善法》的修订过程，因为带来了社会成员的广泛而深入的动员，从而成为从权力视角到治理视角转变的里程碑事件。

2023 年 12 月，全国人大常委会公布了修改后的《慈善法》全文，并定于 2024 年 9 月 5 日施行。这次修改涉及多处法律条文，改动较大，对于中国慈善事业的发展和优化，有重要意义。例如，在许多人关注的"政社关系"领域，有专家学者表示，此前一些政府部门对慈善工作的重视程度不足，在促进慈善事业发展方面的力度不够大。新修改的《慈善法》明确县级以上人民政府对于推动慈善工作所担负的职责。同时，慈善组织多元化发展，慈善工作涉及领域多、范围广，需要各级政府有关部门合力推进。此次法条修改有利于各部门相互协作、形成合力，避免慈善组织在管理过程中无所适从。

关信平在《当前我国增强社会组织活力的制度建构与社会政策分析》一文中，从制度建构的角度分析我国社会组织活力的不足，认为激发社会组织活力需要建立以制度建构为目标的社会政策。确实，对政社关系的解读向治理视角的转变，有利于增强社会组织活力。

三、参与社会治理是中国公益慈善发展的重要动力

政策法律框架友好，以及由此所带来的良性政社关系的确立，为公益慈善事

业提供了必要的发展环境。但公益慈善事业的长足发展还有赖于公益慈善事业主体所做出的路径选择和发展策略。

美国的私人部门发达，长久以来已经形成了非政府的私人机构解决问题的路径依赖。而中国的大政府传统也形成了自己的治理路径。社会治理现代化不能脱离自己的传统，公益组织必须学会在当前的政社关系下发挥作用。而从公益组织的角度来看，只有积极参与社会治理才可以带来良好的政社关系，改善外部环境；也只有积极参与社会治理，才能够让公益组织自身得到充分的发展。

因应参与社会治理的需要，公益组织首先就需要去除依附性，获得相对的独立性。如中国乡村发展基金会的前身中国扶贫基金会原本是体制内的国字头基金会，为实现自身的公益理想，主动走出体制，变身成为民间基金会。这次改制的创举成为中国民间公益组织发展的一次里程碑事件。

之所以体制内基金会主动转变为民间公益组织，是因为独立性较强的民间组织会有更大的治理能力和发展空间。中国社会治理研究会秘书长何立军就认为，推动公益社会组织的发展不仅能够使社会组织作为创业的主体创造更多的社会价值与经济价值，而且社会组织具有的自主性和非营利性使其能够提供政府部门难以做好的有效性、专业性强的创业咨询与培训服务。这意味着，社会组织是推进国家治理现代化的重要参与载体，通过"增能赋权"，能够激活社会组织内在生命力和参与社会治理的活力。[1]

同时，因参与社会治理，就需要更加规范自身的行为，以与其他部门如政府和企业等对接业务，这会极大促进社会组织的内部治理水平的提升。以前的企业内部是靠利益绑缚在一起。在商业领域，小型企业更加注重商业经营模式；中型企业由于规模扩大开始向管理要效益；而大型企业必须依靠企业文化建设持续发展。但在公益领域不同，从一开始的小型公益组织起，成员共事的核心就是价值观的链接。要发挥社会组织服务社会、服务群众的作用，就要明确方向，制订计划，在行动上保持一致。在新时代，群众服务需求越来越多、质量要求越来越高，社会组织贴近生活，能够了解大众的多样性需求，是促进基层社会治理的有益补充。

---

① 何立军|"五社联动"：创建社会力量参与基层治理新机制. http://www.shzl.org.cn/index.php?id=577#:~:text=%E4%B8%BA%E6%B7%B1%E5%85%A5%E8%B4%AF%E5%BD%BB%E5%85%9A%E7%9A%84%E5%8D%81%E4%B9%9D%E5%A4%A7

中国的发展，需要群众组织。政社关系，以人民为中心。而人民也并非铁板一块，而是因利益和观念而分化为不同的群体。公益治理的内生动力是组织多元与价值观时代的来临。公益组织通过慈善、互助活动的开展，在个人、群体、组织之间搭起一座沟通的桥梁，为他们之间展开对话提供了可能，有利于缓解社会矛盾。特别是网络公益组织可以通过志愿服务、接受捐赠等方式把网络社会资源整合起来，然后再通过提供社会服务或是提供资助的方式，把资源配置出去。

需要指出的是，公益组织参与社会治理并非抛开政府另搞一套，而是需要与政府在更多层面紧密合作。中国存在广泛的志愿失灵现象，非营利部门的固有限制，志愿部门和政府无法替代，而是需要合作。要推动社会组织进驻各类党群活动服务中心，积极链接资源，搭建平台，拓展社会组织参与基层治理的领域，进一步完善政府向社会组织购买服务的合作机制，开启政府、社会组织"双赢"的现代社会事务管理新模式。公益组织主动塑造良好的政社关系，有能力也有机会。

第二节　公益慈善促进社会治理体系现代化

要想实现真正的治理现代化，首要任务是建立健全一套完整、合理、有效的治理体系。在俞可平看来，国家治理体系包括规范行政行为、市场行为和社会行为的一系列制度和程序，政府治理、市场治理和社会治理是现代国家治理体系中三个最重要的次级体系。[①] 由此，国家治理体系可以被理解为由政府治理体系、市场治理体系和社会治理体系所组成。而公益慈善在这三个子体系特别是社会治理体系中，均承担着关键性功能。

一、公益慈善推动政府治理体系建设

关于政府治理体系，公益慈善与政府体系之间，是一个在制度化的过程中相互促进的关系。所谓制度化（institutionalization）是指群体和组织的社会生活从

① 俞可平. 衡量国家治理体系现代化的基本标准. 2013 – 12 – 21.

特殊的、不固定的方式向被普遍认可的固定化模式转化的过程。制度化是群体与组织发展和成熟的过程，也是公众对制度认可的过程，同时是整个社会生活规范化、有序化的变迁过程。制度化的程度越高，制度的运作越顺畅，所付出的政治成本就越小，社会也就越稳定高效。

中国传统的地方政府结构由党委、人大、政府、政协和纪检委组成。其中"党委"负责党务，包括"党管干部"，作出决策；"人大"讨论和通过重大事项，选举政府等机关主要领导人，或质询政府；"政府"管理行政事务，具体落实和执行党委决定；"政协"参与议政，提出建议；"纪委"完善党内监督。[①] 从而在中央和地方层面均形成了以政党为核心、以党内分权为特点、以政策为治理工具、权力向上集中的国家治理体系。这种治理体系中的各个部分均有直达社会层面的功能效应，制度的良好运作及施政目标的实现，需要不断进行社会动员。

改革开放之前某段时期国家对社会的动员方式主要是意识形态动员，如革命叙事和阶级斗争叙事，可以有效地动员民众，达成国家的政治目标。改革开放后，社会动员的方式则包括了经济利益驱动，新的关注点形成了新的社会动员。而在今天，社会结构复杂化，单纯的经济利益驱动或单纯的意识形态驱动，在面对多元人群的多元诉求时，难以取得以往的动员效果。而恰恰在这方面，公益慈善可以成为社会成员的最大公约数，起到促进社会文明和谐、社会成员互帮互助的作用。社会力量在现代社会治理中占有更重要的位置和更明确的行为规范，政府对社会的动员也就更加顺畅。每次大灾害来临时，社会公众的捐款和志愿行动都成为政府救灾工作的有力补充，这就是明证。

二、公益慈善助力市场治理体系建设

慈善对市场治理体系的重要价值在于为市场经济注入公平正义的价值观。现代市场经济只有在相应的财富伦理与市场伦理的基础上，才能发挥正面的作用。公益慈善注重将企业家转化为慈善家。拿每年世界各地的"慈善家排行榜"来说，其示范作用不容小觑：高调的舆论评价将会带来一种慈善习惯的养成。

慈善事业对经济的促进还体现在它是优化收入分配格局的重要路径。改革开

---

① 中国政府组织结构图. https://www.163.com/dy/article/DNBEJ4B70519BPB6.html.

放以来，我国逐步确立了公有制为主体、多种所有制经济共同发展，按劳分配为主体、多种分配方式并存，社会主义市场经济体制等社会主义基本经济制度。在分配制度方面，厉以宁于 1994 年首次提出了"三次分配"理论：第一次是由市场按照效率原则进行的分配；第二次是由政府按照兼顾公平和效率、侧重公平的原则，通过税收、社会保障支出等进行的再分配；第三次是在道德力量的推动下，通过个人或企业自愿捐赠款物和提供服务而进行的分配。党的十九届四中全会将这一理论写入会议决定，成为我们党对慈善公益事业认识不断深化的重要理论成果。慈善事业作为第三次分配的主渠道，是公民或企业自觉自愿助人济世的社会行为，是市场和政府两次分配的再分配，它在促进社会公平、改善收入和财富分配格局方面发挥着重要作用，是我国基本经济制度特别是分配制度的重要组成部分。

此外，公益慈善事业可以帮助完善经济发展链条，为经济发展创造良好的外部环境，充分激发市场主体的作用。例如，在发展经济的同时，也要牢固树立"绿水青山就是金山银山"的理念，探索生态产品价值实现机制，建立政府主导、企业和社会各界参与、市场化运作、可持续的城乡生态产品价值实现机制。通过政府对公共生态产品进行采购、生产者对自然资源约束性有偿使用、消费者对生态环境附加值付费、供需双方在生态产品交易市场中进行权益交易等方式，构建更多运用经济杠杆进行生态保护和环境治理的市场体系。

三、公益慈善促进社会治理体系的进步

2019 年 10 月，党的十九届四中全会审议通过了《中共中央关于坚持和完善中国特色社会主义制度　推进国家治理体系和治理能力现代化若干重大问题的决定》，提出坚持和完善共建共治共享的社会治理制度，完善党委领导、政府负责、民主协商、社会协同、公众参与、法治保障、科技支撑的社会治理体系，建设人人有责、人人尽责、人人享有的社会治理共同体。[①]

在现实中，社会治理体系是一个多元参与、综合共治的系统，由许多亚体系

---

① 光明日报评论员：坚持和完善共建共治共享的社会治理制度——九论学习贯彻党的十九届四中全会精神. 光明日报，2019 – 11 – 09.

组成，包括基层治理体系、社会保障体系、社会服务体系、公共安全体系、公益慈善体系等。公益慈善最重要的功能，还是直接推进社会治理体系建设，并且成为其中不可或缺的组成部分。

（一）公益慈善助力构建基层治理体系

习近平总书记在参加十二届全国人大二次会议上海代表团审议时的讲话指出，加强和创新社会治理，关键在体制创新，核心是人，重心必须落到城乡社区。从这样的认识出发，中央要求推动社会治理重心向基层下移，把人力、财力、物力更多投到基层。在基层政权建设中，公益慈善能够对社会成员参与基层政权事务起到有效的动员作用，包括吸纳居民成为社区治理的重要力量，推动社区的事情居民一起来解决，实现居民服务居民，促进多元协同参与，推进基层自治机制建设。同时以网格化管理、社会化服务为方向，健全基层综合服务管理平台，强化城乡社区自治和服务功能，建立新型社区管理和服务体制。特别是在城乡社区要发挥社会组织作用，实现政府治理和社会调节、居民自治良性互动。

（二）公益慈善事业是社会保障体系建立的支柱之一

决定一个桶能够装多少水的，是桶上最短的那块板。同样，决定一个社会文明程度的，是这个社会最弱势的群体的生活状况。党的十九大明确了慈善事业在我国多层次社会保障体系中的重要地位和作用。发展慈善事业，是动员社会力量参与社会保障，特别是兜底保障的重要途径，是政府社会救助制度的有益补充，它对于拓展社会保障体系的覆盖面，织密织牢兜底保障网，提升多层次社会保障体系的社会功能等方面都具有拾遗补阙的重要作用。

仍以大龄孤独症人士为例，党和政府历来十分重视残疾人乃至心智障碍者的劳动就业权益保护工作。我国《中华人民共和国宪法》第四十五条明确规定：国家和社会帮助安排盲、聋、哑和其他有残疾的公民的劳动、生活和教育。此外，政府及相关组织还陆续制定和出台了《中华人民共和国残疾人保障法》《关于进一步做好残疾人劳动就业工作的若干意见》《中国残疾人联合会关于进一步做好智力残疾人工作的意见》《中华人民共和国就业促进法》《残疾人就业条例》《关于发展残疾人辅助性就业的意见》《国务院关于加快推进残疾人小康进程的意见》等专门和涉及包括心智障碍者在内的残疾人就业的相关法律法规和政策文件。此外，政府相关部门或组织还制定出台了《国家税务局关于民政部门举办的社会福利生产单位征免税问题的通知》《社会福利企业招用残疾职工的暂行规定》《残疾人就业保障金管理暂行规定》及《财政部、国家税务总局关于促进残疾人就业税收优惠政策的通知》等一系列优惠措施，充分体现了国家和政府对残疾人就业保障问题的重视。这些法律体系的确立，使得中国的残疾人事业有法可依，有所保障，意义重大。

在现代国家治理和社会治理体系中，社会治理的目标之一就是"弱有众扶"。由相关法律所确立起来的社会保障体系的功能就是守住基本民生底线，分层分类施救，以基本生活救助、专项救助和急难社会救助为主体，社会力量参与为补充，建立政府主导、社会参与、制度健全、政策衔接、保障有力的社会保障体系，为社会成员的生活兜底，让社会成员个人的生活和整个社会都能正常运转。

在这个由法律和制度所确立的社会保障体系中，除了政府兜底外，公益慈善活动也是社会福利和社会保障的重要补充形式，在某种特殊条件下甚至是部分社会成员的唯一选择。为此，以公益慈善为目的的非营利组织大量地参与了多种多样的社会保障活动，组成了社会保障的志愿部门，也被称为"第三部门"。第三部门涵盖的扶贫、济困、扶老、救孤、恤病、助残、优抚等领域，在社会保障体系中具有举足轻重的作用。慈善事业与社会保险、社会救助、社会福利、优抚安置等组成相互衔接、相互配合的有机整体。

（三）公益慈善推动社会服务体系建设

在推进社会服务体系建设方面，公益慈善所关注的养老、儿童、残疾人，以及其他社会弱势群体，最需要的是实实在在的专业服务。而这些服务都需要整体性社会专业服务体系的建设才能满足需求。需要以提高人民群众安全感和满意度为目标，以理念、体制机制、方式手段创新为动力，加快社会服务体系建设，健全新型社区管理和服务体制，在养老、儿童、教育、公共卫生、危机处理等方面加快体系化建设。

（四）公益慈善有利于公共安全体系建设

公共安全是每个公民最关心、最直接的利益所在，涉及公众生命、健康、财产等方面的安全。公共安全事件的不断发生，既是我国社会转型进入新的历史阶段的反映，也考量着我们在新形势下应对公共安全危机的能力。中国的公共安全体系建设，需要最广泛的社会动员和志愿服务的加入。例如，从公共安全事故的预防体制建设、应急反应到安全事故的控制与善后处理，"朝阳群众"都成为公共安全体系建设的有力补充。中国以往的公共安全建设、社会治安体系都有着依靠群众的优良传统，如何在新时代通过志愿者的力量，防范社会公共安全事故，提升防灾减灾救灾能力，为人民安居乐业、社会安定有序、国家长治久安编织全方位、立体化的公共安全网，建设平安中国，是我们需要考虑的重要问题。

（五）公益慈善体系自身的建设

在社会治理体系的实际运行中，公益慈善事业也形成了一套以"善"为核心理念的体系。2019年党的十九届四中全会提出，"重视发挥第三次分配作用，发展慈善等社会公益事业"。这是党中央首次明确以第三次分配为收入分配制度体系的重要组成，确立慈善等公益事业在我国经济和社会发展中的重要地位。此后，关于"善经济""家族慈善""社区慈善"等概念大量出现，标志着公益慈善开始深入社会各领域发挥作用。

此外，公益组织的服务功能即属于治理功能体系。治理功能体系下的公益慈善也形成了自身的服务功能体系，如：顺应经济社会发展的趋势和要求，公益慈善最大程度地提供规模化、优质化、多样化的公共服务；面向社会弱势人群，公益慈善是社会保障体系的重要支柱；面向社会普通成员，公益慈善是落实社会再分配体系的重要途径；面向社会未来的发展，公益慈善又是满足人民群众日益提高的多元化物质与精神需求，经济社会发展体系的重要动力。

四、政社关系的未来：政府与非营利公益组织在公共服务供给过程中应如何实现优势互补

近年来治理理论和视角在政治学和社会学领域中的建立，对建立良性的政社关系有着不容忽视的影响。在近年出台的政策中，很多都是着重于让政府与非营利公益组织在公共服务供给过程中通过优势互补而解决彼此单独难以解决的社会问题，并且成为彼此不可或缺的伙伴。其优势互补的形态主要表现为：

（一）目标层面：解决社会问题

在建设良性政社关系的目标层面，公益治理发挥着正向积极的作用。应该说，从治理视角出发，无论是政府还是公益组织，其目标都是解决社会问题。而在这一领域，最传统的方式就是，政府提出问题，并且通过购买社会组织服务来解决问题，如深圳市政府发布的"民生微实事"计划。

实际上，因为社会组织和社会各个领域结合得更加紧密，或直接来自社会基层，所以更容易发现问题，以及理解问题的成因。所以，在新的合作模式中，往往是社会组织善于发现和创新解决问题，可以提出问题和解决方案，而政府和商业企业对社会组织进行支持，以解决社会问题。

以顺德"喜憨儿"洗车中心为例，佛山当地的社会组织注意到了本地大龄孤独症人士的就业问题，于是专门到深圳"喜憨儿"洗车中心学习了其运作模式。但和深圳"喜憨儿"完全采取私人出资的社会企业形式不同，顺德"喜憨儿"因为有当地政府的协调而采取了多部门合作的方式，也就是政府出地、企业出资、社工机构提供专业服务这种"三合一"的形态，以非营利的公益组织身份注册。这样运作起来较为顺畅，取得了良好的效果。

（二）组织层面：彼此认可各自的组织定位和权力分配

顺德"喜憨儿"之所以运作顺畅，是因为合作的各方目标清晰、分工明确，并且解决了各方机构身份定位的问题。但在大多数情况下，政府和公益组织之间的合作并不会采取如此紧密的合作办机构的形式，而是进行外部合作。即双方各自保持自己的独立性，在此基础上进行项目层面的合作。这就需要合作方有着彼此认可的权力分配。

例如，在基层社区治理领域，一般来说都表现为：基层政府牢牢地掌控着乡镇社工站的控制权，在人、事、物调配上拥有绝对的话语权，社会组织及社工更多扮演的是执行实施者的角色。政府与社会组织对彼此的权力地位、角色规范都有着比较明确的认知。公益组织在没有条件一步到位的情况下，先做伙计，再做伙伴。而政府也要支持培育社会组织先吸纳、再培育和服务的逻辑，可以让更多专业化水平不高的草根社会组织及人员在参与中成长。

（三）实践层面：政府和公益组织治理能力的双向提升

公益组织的优势是在某个具体的专业领域，政府的优势在于顶层设计的权力。两者在实践中可以促进彼此的治理能力得到提升。在非营利公益组织方面，社工站、社区社会组织、志愿服务队、民间公益力量的引入，推动了治理主体多元化，倒逼地方政府从统揽式管理向专业化、技术化、高效化的"技术性治理"转变，从而加强治理的精细化和专业化水平，提升政府的社会治理能力。而公益组织也在政府的支持下更好地提供社会公共服务，在实践中不断得到提高。

（四）资源层面：以政府为主导和公益组织为执行支点，撬动更多社会资源

在政府做好顶层设计和制度支持的情况下，公益组织作为执行的支点，可以保障项目的良好效果。而企业做公益慈善的需求就是要看到好的项目和成效。从投资的角度出发，此类项目正是追求结果的企业和企业家所愿意投入资源的项目。顺德"喜憨儿"项目中，首先是政府意愿和专业的社工机构结合，并且提供了关键的项目场地之后，商家的介入才顺理成章。所以，政府的支持也是公益组织能够引入市场资源，将商业向善纳入社会治理范畴的重要前提条件。有了市场资源作为新伙伴的介入，政社之间的关系也将更加平等，同时构筑起新的社会治理格局。

第三节　案例：《慈善法》的出台背景和实际效果

一、《慈善法》出台的背景

在 2016 年之前，中国的慈善法律体系缺乏统一的《慈善法》，慈善相关法律法规分散在若干具体的法律文本中，如《合同法》《公益事业捐赠法》《信托法》等。这些法律都对慈善问题作过规定，发挥了积极作用。但随着慈善事业的发展，在慈善领域出现许多新情况、新问题。而原有分散的法律法规对慈善组织、地方政府、企业的行为无法进行有效规范，致使公益界在社会需求不断增长、自

身快速发展的情况下乱象频仍，引起了公众对公益组织的质疑。究其原因，固然有个别公益组织在信息公开、利益取向等方面的问题，但深层次的问题还在于公益慈善领域存在很大的法律空白，法规制度不健全致使部分公益组织未根据相关规定开展行动。

为了激发慈善组织活力，增强全社会慈善意识，规范慈善行为，促进慈善事业健康发展，有必要制定一部专门的慈善法，完善慈善法律制度。在《慈善法》的立法过程中，充分体现了政社关系的良性互动，对于慈善事业有巨大促进作用。

2005 年是《慈善法》立法工作的开端年份。那时由民政部向全国人大和国务院法制办公室提出起草《慈善法》的立法建议，还把这部拟议中的法律命名为《慈善事业促进法》。2007 年 8 月 22 日，民政部有关负责人在国务院新闻发布会上透露，《慈善法》已经纳入人大立法计划。《慈善法》相关法律在经过民政部审议通过后，将报请国务院审议，并由国务院提交全国人大审议通过。此后，2008 年，《慈善法》被列入十一届全国人大常委会立法规划第一类项目。

此后进入了《慈善法》草案创设的阶段。2010 年 7 月 29 日，国务院法制办有关负责人表示，《慈善法》草案已经初步成形，草案共分为 9 章，对包括慈善组织、信托、境外慈善组织在华活动管理等方面均作出规定。

党的十八大后，全国人大正式启动了酝酿多年的《慈善法》起草工作。2013 年，慈善立法再次被列入十一届全国人大常委会立法规划第一类项目。

为了支持《慈善法》的文本创设，民间的法律研究力量积极行动起来。2014 年底，有 5 部《慈善法》民间建议稿同时公布。2015 年初，《慈善法》草案征求意见稿形成，全国人大内司委将稿件印发给 33 个中央有关单位、31 个省区市人大内司委、8 所高校科研机构、12 个慈善组织及部分全国人大代表、政协委员和专家学者征求意见。

2015 年 10 月 30 日，《慈善法》草案首次提请全国人大常委会审议。2015 年 12 月 23 日，十二届全国人大常委会第十八次会议对《慈善法》草案二审稿进行了分组审议。2016 年，草案提交全国人大常委会审议并通过。

就这样经过多年酝酿，《慈善法》正式出台。其中关于慈善组织、慈善募捐、慈善信托、慈善服务、信息公开等重大问题都设了专门章节，对慈善财产保护、税收优惠、网络慈善等焦点、难点和新问题也都作出了具体规定。

《慈善法》制定的负责人之一阚珂在接受采访时说："制定一部法律的过程，也是了解社会事务、把握社会关系本身规律的过程，所以立法'十年磨一剑'甚至'二十年磨一剑'都很正常。"① 人大开门立法，在全社会掀起了慈善立法讨论的热潮，这是慈善文化的普及，也是立法知识的普及。开门立法不仅提升了《慈善法》的水平，而且促进了我国法律建设的发展，也促进了良性、新型的政社关系的建立。

二、开门立法的《慈善法》对公益治理的促进作用

社会治理的法律体系的完善，是由各个方面的法律对于治理主体、治理客体、治理路径的具体法律条文组成的。《慈善法》的出台对公益治理体系的完善，以及公益治理路径的丰富，都有着积极影响。

（一）确立了公益组织作为公益治理主体的合法性

《慈善法》通过法律定义和法律定位，正式确认了民间慈善的地位，强化了公益组织作为公益治理的合法主体的身份；对于公益组织和慈善行为的合法性认定以法律的形式固定了下来，包括巩固公益组织直接登记制度、逐步放开慈善公开募捐资格、激活公益信托制度、明确税收优惠政策、保障志愿者权益、明确组织合法地位等，对于公益慈善事业的发展有着直接现实的促进作用。同时，该法律还在事实上扩大了慈善范围，认可非法人社会组织，形成了更广泛的公益慈善社会动员。公益组织作为社会治理主体的合法身份的认定，对这些组织的生存和发展至关重要。

（二）改善了公益慈善事业的政策法律环境

中国慈善立法发展至今，形成了多层级、纵横皆有交集的法律、法规、规章以及地方性规定，构建了中国独有的慈善公益法律体系。事实证明，中国的法律体系从法律制度层面和法律执行层面都是支持公益治理的。事实上，公益治理就

---

① 十二届全国人大四次会议秘书处法案组副组长阚珂详解慈善法：让想做善事的人更方便. 人民日报，2016 – 03 – 21.

是建立在中国法治化程度不断进步的制度背景之下的。

目前国家层面关于公益慈善事业的法律（laws and regulations）包括：《慈善法》、《民法典》相关条款、《公益事业捐赠法》、《境外非政府组织境内活动管理法》、《红十字会法》、《契税法》、《个人所得税法》、《印花税法》、《民办教育促进法》等。

而与公益慈善事业直接相关的行政法规（divisional regulations）包括：《基金会管理条例》《企业所得税法实施条例》《社会团体登记管理条例》《民办非企业单位登记管理暂行条例》《志愿服务条例》《彩票管理条例》等。上述公益慈善相关法律法规，相关的财政部、民政部、国家税务总局等制定的政府规章，《公益事业捐赠法》《红十字会法》及各类地方性法规，配合《慈善法》，形成了比较完备的公益法律体系。

这些法律法规在一定程度上明确了包括基金会在内的公益组织的设立、变更和终止的相关程序，提供了鼓励公益事业捐赠的有关措施，规范了捐赠、受赠行为和对公益组织的培育发展和监督管理，促进了近年来中国公益慈善事业的发展，为公益治理的开展提供了良好的法律和制度背景。

表 3 - 1　公益治理的政策法律体系

	中央政策	地方政策	国家法律法规	地方性法规
总体政策法律	2015 年中国共产党十八届五中全会报告 2022 年中国共产党二十大报告	《中共广东省委、广东省人民政府关于加强社会建设的决定》 《关于加快推进社会体制改革、建设服务型政府的实施意见》	《慈善法》	

（续上表）

	中央政策	地方政策	国家法律法规	地方性法规
公益组织政策法律			《红十字会法》《社会团体登记管理条例》《民办非企业单位登记管理暂行条例》《基金会管理条例》《关于加强和完善基金会注册会计师审计制度的通知》	《关于进一步培育发展和规范管理社会组织的方案》《关于加强社会组织管理的实施意见》《关于加强社会工作人才队伍建设的实施意见》《关于政府购买社会组织服务的实施意见》《顺德区拓宽群团组织社会职能实施方案》
公益行动政策法律			《公益事业捐赠法》《公益慈善捐助信息披露指引》《企业所得税法》《个人所得税法实施条例》	《广东扶贫济困日活动捐赠管理办法》《广州市募捐条例》

三、从基础层面促进了公益慈善法律体系的完整化

改革开放以来，公益治理的一般性法律框架从无到有，基本构建完成。这个公益治理的法律框架包含四个方面：①公益组织型法律，如针对组织机构的《社会团体登记管理条例》等；②实践支持型法律，如针对公益捐赠行为的《公益事业捐赠法》等；③规范监督型法律，即针对公益组织和行动中可能出现的问题进行规范和监督的法律和法律条文；④基础综合型法律，如《慈善法》《境外非政府组织境内活动管理法》等。当然，同一部法律法规也可能包含有不同类型的法律条文。

（一）公益组织型法律

在公益慈善法律框架的搭建过程中，公益组织型法律是最先起步的。20世纪80年代末90年代初是慈善法律制度的重新起航时期，当时中国在慈善公益领域出现了两部由国务院颁布的行政法规，即1988年9月27日发布的《基金会管理办法》和1989年10月25日发布的《社会团体登记管理条例》。从一定意义上说，上述两部法规的出台，催生了改革开放以后的中国早期的基金会、社会团体的诞生和推动了法律政策方面的初步规范。随后当代中国第一部法律意义上的社团规范文件《红十字会法》得以在1993年颁布实施。

此后是公益行动方面的法律出台。90年代末，中国的公益慈善法律体系初步形成。这个契机是在1998年初夏，中国许多地区爆发了大规模的洪涝灾害。在大灾面前，社会各界激发了扶危济困、伸出援手的热情。中国官方及民间均开展了大量的捐赠、救助活动，从某种程度上讲加速了慈善公益领域法律政策对上述活动的规范。为规范各地的捐款活动，《公益事业捐赠法》在1999年颁布，是至今唯一一部专门针对公益捐赠的法律，在捐赠和受赠、捐赠财产的使用和管理、优惠措施、法律责任四个方面进行了规定，是我国慈善事业发展历史的第一项制度性的安排。

此外，民政部门先后颁布多个部门规章，对慈善公益活动进行规范，如《社会福利基金筹集、管理与使用规定》《社会福利机构管理暂行办法》等。国家对

慈善公益活动进行了少有的密集性规定，第一次全面奠定了当代中国的慈善公益法律政策体系的基石，对于此后慈善公益组织的发展具有重要意义。

（二）实践支持型法律

2004 年是慈善立法的另外一个高峰。2003 年的"非典"疫情激发了中国社会的捐赠、救助热情。其时，由于中国经济多年的持续、稳定发展，民间积累了一定的财富。社会财富在经历了国家税收、股东利润分红两次分配之后，来自企业的财富通过社会捐赠进行了第三次分配。中国民间社会尤其是企业通过设立基金会进行长期、有序、规范的慈善公益事业的意愿日益强烈。

2004 年，由国务院发布的《基金会管理条例》正式取代了此前的《基金会管理办法》，第一次将基金会分为公募基金会和非公募基金会两类，最大限度地为民间社会设立基金会开设了新的出口，对基金会设立条件、公益事业支出、基金会管理体制等方面也做了详细的规定。

（三）规范监督型法律

2008 年汶川地震和奥运会成了民间草根公益组织参与公共事务和志愿服务立法的推进器。中国社会大规模、多层次、多系列的慈善公益活动的蓬勃开展，不仅验证了此前慈善公益法律政策在调整和规范社会活动方面有章可循、有法可依，而且也暴露了其中的不足和欠缺，有力地加速了此后慈善公益立法脚步。

到了 2011 年则爆发了公众对慈善公益组织的信任危机。郭美美事件、河南宋庆龄基金会事件充分暴露了慈善公益组织的身份等制度层面的问题。为此民政部发布了《公益慈善捐助信息披露指引》部门规章，该《指引》从信息披露的基本规则、内容、披露时限及对象等方面进行了规范，第一次为慈善公益组织信息披露确定了明确的方向。

（四）基础综合型法律

所谓基础综合型法律，就是《慈善法》本身。这部慈善领域的"总法"，通过法律条文及相关执行细则全面规范了慈善事业，包括强调推动信息公开举措，并为公益慈善职业建立有效监管体系提供了法律规范。

四、《慈善法》如何助力社会治理体系的完善

从《慈善法》的开门立法过程，到成功推出法律，以及最后形成强大的执行动能，体现了《慈善法》在中国治理体系中的作用和影响。在相关政策的支持和引导下，慈善事业呈现加快发展、创新发展的良好态势。

在立法过程中，开门立法过程有效地整合了相关的社会治理的力量。立法之所以要汇聚众智，是因为在一个开放的社会里，不同的人、不同的群体必然会有不同的利益诉求，人们围绕立法开诚布公、各抒己见，有利于增进共识，也有利于相关法律日后的实施。与此同时，由于开门立法，各利益主体充分发表意见，从而能够让立法成为普及法律、提高社会法律意识的过程。

在法律本身来说，《慈善法》解决了社会治理的关键问题，即社会治理主体地位的保障。实际上，发挥慈善在社会治理的主体作用，必须保障慈善组织的主体地位。而《慈善法》可以落实慈善组织法人资格，从法律上明确其民事主体，保障能独立开展公益活动。慈善不论以何种方式参与社会治理，都是独立主体，有利于增强社会活力。强化慈善组织监督，对违法违规行为进行曝光，并强化责任追究，加大执法打击力度。

在执行层面，《慈善法》明确了公益组织参与社会治理的路径和方向，即充分发挥慈善机构社会属性，赋予其更多的自主权。并注重建立法律监督引导机制，完善信息披露制度，保障捐赠人等的合法权益，提高慈善事业社会公信力，更多依靠慈善机构开展慈善工作。并在保障其治理主体地位的基础上，推动建设良好的政社关系。

围绕贯彻落实《慈善法》，各地结合深化社会组织管理制度改革，加强政策创制和制度创新，不断优化发展环境。深圳在 2017 年前后出台承接政府职能转移和购买服务社会组织推荐目录编制管理、慈善组织登记认定、公开募捐资格许可、慈善信托备案、公益性捐赠税前扣除资格确认、社区基金会培育发展等多个政策规范性文件，在全国率先探索建立社会组织分类培育发展制度，将慈善类社会组织列为重点培育发展类型之一，探索市、区两级慈善会"去行政化"改革，市慈善会转型改革迈出实质性步伐，选举产生新一届理事会，基金会治理结构和运行机制初步形成。

当然，由于公益事业和公益有关的政策法律在中国刚刚起步不久，从权力视角向治理视角的转变尚未竟全功，政社关系在很大程度上仍未实现全面良性互动的目标，因此在制度环境上还存在一些遗留问题亟待解决，主要体现在两方面：

（1）公益慈善法律制度体系建设、法律法规内容等仍然滞后。像《慈善法》酝酿多年才出台，施行几年后就面临较大的修订；三类社会组织即社会团体、基金会、民非组织的登记管理条例的修订不能让业界完全满意；公益捐赠、公益认定、税收优惠、志愿服务等相关规定和制度安排尚有没能进入法律法规层面的。与整个国家法律体系发展形成鲜明对照的是：公益慈善领域的法治建设严重滞后。

（2）与公益慈善相关的政治体制改革推进缓慢。特别是靠官僚机构引领社会事业的传统仍未彻底打破。尽管政社分开的改革在推进中，购买服务也在各级政府的推动下逐渐展开，但庞大的事业单位体系吸纳了巨大的公共资源，处于公共领域更加核心地位的人民团体改革尚未启动，现代社会组织体制的建构尚需时日。

由于上述问题的存在，2022年以来，《慈善法》修订草案进入面向社会公开征求意见阶段，进行了《慈善法》的"开门修法"。这应该是当年《慈善法》"开门立法"传统的延续。对全社会征求意见的过程的展开，吸引了公益慈善事业相关人士的热忱参与，社会意见开始汇集，《慈善法》向着社会所期待的方向进行了修订。

本次《慈善法》修订草案新增1章21条，修改了47条，回应了不少关键问题：明确建立慈善工作协调机制，以解决民政部门难以对慈善事业统一调度问题；过去不少组织无法被登记认定为慈善组织，这次删除了时间限制；新增"国家鼓励开展慈善国际交流"一条；新增应急慈善专章。

在中国，是社会问题引领政策法律体系的发展。如何通过政策性的社会动员，以及法律体系的逐渐完善，促使公益慈善事业走出捐款捐物的传统方式，进入治理领域，形成社会治理现代化所需要的"善治"，是公益治理的必经之路。

第四章

资源动员：
公益资源如何聚集并被有效使用

第一节　公益资源的聚集：捐赠与捐赠者管理

一、慈善募捐的法律依据

公益资源的聚集，一般是通过慈善募捐实现的。在这方面，除了《慈善法》之外，有两类法律较为重要，那就是《公益事业捐赠法》和税法。《慈善法》规定，慈善募捐是指慈善组织基于慈善宗旨募集财产的活动，这里的财产包括货币、房屋、衣物等有形财产和无形财产。而《公益事业捐赠法》和税法则规定了自然人、法人或者其他组织对公益事业进行捐赠的重要规则和监督机制。

《公益事业捐赠法》的出台，是公益事业主动和中国经济社会发展的实际状况相适应的结果。改革开放后中国经济体制从"计划"走向"市场"，社会开始出现自由支配的资源和自由活动空间，于是自 20 世纪 80 年代开始出现国家支持的一些公益组织，"希望工程"的诞生是当时中国公益慈善的代表，1994 年中华慈善总会成立。但当时的捐赠仍以政府和事业单位、侨胞为主，以应对突发性灾情为主，尚未有法律规范捐赠行为。1998 年长江特大洪灾，极大地引发了全中国人捐款捐物的行为。但上述出于社会各界自发的行为由于缺乏制度层面的规范而产生了很多问题，从政府到民间都有声音呼吁针对捐赠行为的规范法律出台。于是《公益事业捐赠法》在 1999 年 6 月 28 日出台，自 1999 年 9 月 1 日起施行。

《公益事业捐赠法》强调自然人、法人或者其他组织自愿无偿向依法成立的公益性社会团体和公益性非营利的事业单位捐赠财产，用于公益事业的，适用《公益事业捐赠法》，并具体在捐赠和受赠、捐赠财产的使用和管理、优惠措施、法律责任四个方面进行了规定。

首先，法律要求接受公益捐赠的组织机构应该是依法设立、登记、备案的公益性社会团体、非营利性社会团体或者法定的县级以上人民政府及其部门。除了这些组织以外的其他单位，通常不能作为接受公益捐赠的受赠人，但可以作为捐赠活动的宣传发动组织人；如果不是法定接受公益捐赠的单位接收了公益捐赠款物，应当及时按照捐赠人的意愿将款物全额移交给法定受赠人或者受益人。

捐赠在行为上可以分为直接捐赠和间接捐赠。直接捐赠是捐赠人直接将捐赠款物捐赠给受益人（实际受赠人），而《公益事业捐赠法》所调整的公益捐赠是间接捐赠，即捐赠人将捐赠的款物捐赠给法定的公益性社会团体等，由该组织机构按照捐赠人的意愿或者法律规定分给各受益人。

其次，《公益事业捐赠法》规定公益事业是指非营利的下列事项：①救助灾害、救济贫困、扶助残疾人等困难的社会群体和个人的活动；②教育、科学、文化、卫生、体育事业；③环境保护、社会公共设施建设；④促进社会发展和进步的其他社会公共和福利事业。

最后，《公益事业捐献法》的第三章是亮点，将捐赠财产的使用和管理法律化，减少财产被挪用的情况发生。同时捐赠人对捐赠财产可以与受赠人协议使用，这样更大程度地尊重了捐赠人的意愿，促使更多的人根据自己的意愿参与到公益事业中。除此之外，第二十二条规定了捐赠财产的使用必须公开、透明，这样可以保障公众的知悉权，让更多的人参与监督。

与《公益事业捐赠法》同等重要的，则是《中华人民共和国税收征收管理法》《中华人民共和国企业所得税法》《中华人民共和国个人所得税法》等税收方面的法律。法律制度框架的完善，对于捐赠文化的发展至关重要，特别是税收政策及其相关法律。在慈善事业发达的国家，政府支持慈善事业，表现在对企业和社会成员的慈善捐献给予相应的免税待遇。如英国、美国等慈善事业发达国家普遍承认慈善组织的独立社会地位，并对有关慈善组织或机构给予必要的财政补贴。特别是税法等相关法律政策是鼓励企业家进行公益捐赠的。美国税务优惠政策就规定，为科学研究、文化教育、保健和社会服务等慈善机构捐款的个人，将享受免税优惠。美国目前有120万家免税慈善基金组织，可以支配6 700亿美元，资金规模占美国GDP的9%。

美国政府支持社会办慈善事业，但同时对慈善机构的界定及其财务活动有一套完整、规范的管理办法。根据联邦法，美国的税务局通过三种方式来监督慈善机构的运作：一是通过慈善机构提供的年度报表；二是通过审计慈善机构的财务和经营状况；三是通过评估对违规的慈善机构给予处罚或罚金。同时，在西方国家公民活动较为活跃，所以对慈善活动的监督通常会辅以媒体、非政府组织和公民的调查，从而从多个层面保证捐赠不被滥用。

而从中国的相关政策法律实践来看，财税政策向慈善事业倾斜，表面上看会影响政府的财政收入，但这种倾斜能够带动更多的民间财力来支持社会公益事业和救灾济贫事业，从而减少政府的压力和负担。这在社会治理上是一种进步。

二、中国捐赠文化的发展

慈善捐款不仅是现代慈善事业的物质基础，同时也是慈善事业发展水平的直接体现。改革开放以来四十多年的经济高速增长，让中国的慈善事业也有了快速发展，公众捐款的规模日益扩大，并且呈现出多元化的趋势。在《慈善蓝皮书：中国慈善发展报告（2022）》中提到，2021年全国社会公益资源总量预测为4 466亿元，较2020年增长8.57%。其中社会捐赠总量为1 450亿元，彩票公益金总量为1 062亿元，志愿者服务贡献价值折现为1 954亿元，分别较2020年增长 - 5.48%、10.64%和20.62%。

从绝对数量和总体规模上看，收入和捐赠之间确实成正比关系，如Schervish和Havens认为随着收入升高，捐赠额度占家庭收入的比例并没有发生大的变化。[①] 这意味着收入越高，捐赠越多。但具体到不同的人群和个体，收入和捐款之间并非线性相关。Auten等认为慈善捐赠在西方国家存在"U型曲线"，即高收入人群自身有慈善文化传统，低收入人群则因虔诚的宗教信仰而捐赠颇多。[②] 虽然中国和西方的情况不同，但都存在着捐赠习惯如何养成的问题。

捐赠过程其实也是一个社会动员的过程。和西方的宗教文化传统作为捐赠主要动力不同，中国捐赠文化的主观动因在很大程度上建立在中国传统慈善文化、社会主义核心价值观、中国人集体主义观念以及对于未来经济发展的信心等的基础上。[③]

当然，中国现代捐赠文化尚在形成的过程中，但已经具备了社会动员的巨大力量：首先动员的是这个社会高收入、有情怀的人群，他们通过慈善捐赠回馈社会；其次动员的是中产阶级和普通平民，他们通过贡献自己的金钱和志愿时间而

---

① SCHERVISH P G, HAVENS J J. Wealth and the commonwealth: new findings on wherewithal and philanthropy. Nonprofit and voluntary sector quarterly, 2001, 30 (1): 5 - 25.

② AUTEN G E, SIEG H, CLOTFETER C T. Charitable giving, income, and taxes: an analysis of panel data. American economic review, 2002, 92 (1): 371 - 382.

③ 参见拙作《中国传统慈善的文化动因》（《中国社会科学内部文稿》2014年第1期）。

试图解决某方面的社会问题。目前一个可喜的情况是，从高净值人群到普通民众，慈善捐赠都在大幅增长，但同时也需要看到，我国慈善捐赠的主要来源依然是企业，自然人的常规和长期捐赠等形式仍然有待开发。

另一个值得注意的现象是，捐赠的形式也越来越多样化，除了传统的现金捐赠外，互联网捐赠平台也得到越来越多的应用，同时股权捐赠继续受到国内慈善家的青睐，普通人参与志愿服务的数量和时间也在不断增长。特别是随着中国移动互联网时代的来临，通过互联网的捐赠极大地降低了慈善捐赠的门槛，让更多的公民成为捐赠者，成为慈善事业的参与者。

三、"99 公益日"的得与失

2015 年，腾讯公益基金会联合数百家公益组织、知名企业、明星名人、顶级创意传播机构共同发起一年一度的全民公益活动"99 公益日"。2015 年 9 月 9 日也成为中国首个互联网公益日。

多年来，"99 公益日"为动员公众参与捐赠提供了很好的契机，为公益机构募集资金提供了渠道。在每年 9 月的这一段时间里，职业公益人纷纷走上网络前台，用移动互联网化、社交化等创新手段，用轻松互动的形式，发动全国数亿热爱公益的网民通过小额现金捐赠、步数捐赠、声音捐赠等行为，以轻量、便捷、快乐的方式参与公益。

根据腾讯公益与方德瑞信联合发布的《2022 年 99 公益日筹款数据盘点（整合版）》，2022 年"99 公益日"（1—9 日）公众捐款总额、捐款人次出现首次下降，平均单笔捐款额小幅上涨。2022 年，公众捐款总额约为 33 亿元，较 2021 年的 35.69 亿元下降 8%；捐款人次为 5 816 万，较 2021 年的 6 871 万下降 18%；捐赠人数为 2758 万，较 2021 年减少 243 万人，下滑 8%；平均单笔捐款额为 57 元，较 2021 年的 51.97 元上涨 10%。从整体表现来看，慈善会以 28% 的捐款人次撬动了 40% 的公众捐款金额。9 月 7—9 日慈善会体系公募机构共上线了以乡村振兴为主的 2 684 个项目，公众筹款金额达 10 亿元，较 2021 年小幅下降；捐款人次为 1 255 万次，较 2021 年下降了 12%。

由于"99 公益日"是由腾讯公益基金会发起倡议并提供配捐的，因此在这个过程中，腾讯公益基金会有机会将其关切的公益话题和公益理念向全国范围内传播，从而形成公益慈善资源的引导效应。如腾讯公益基金会对国内中小基金会的发展较为重视，于是在 2019 年各地慈善会入场参与"99 公益日"，成为 99 公众动员的新生力量，表现强劲。2022 年腾讯公益希望通过分赛道的方式让各地以慈善会为主的公募组织着重在专场开展筹款动员，为中小民间机构在"99 公益日"的筹款留出更多空间。在"99 公益日"期间，腾讯公益引导慈善资源向青少年成长、乡村教育、生命救助、科技助老、共同富裕以及碳中和等国家和社会关切的领域倾斜。

不仅是资源引导和话题引导，"99 公益日"也意味着一种价值引导。北京大学法学院非营利组织法研究中心主任金锦萍认为，"99 公益日"背后体现了三个价值：一是倡导人人可公益是其最本质的内涵；二是促进资源合理配置，使资源到最需要的地方；三是推动行业生态良性构建，促使公众的关注点不只在配捐额上，还关注整个公益事业的效果。①

上述捐赠文化的形成其实也在改变着捐赠者，以及原本简单固化的社会结构。因为这一纯粹出于自愿的过程，通过公民与公民之间的物质互助，重建了公民与公民之间的情感链接，让差距明显的阶层之间建立平等的关系，让社会变得更加团结友爱。

从治理主体的角度来看，公民之间的链接以及社会力量的壮大，也意味着公共治理方式的改变，而由社会力量参与的"共建共治共享"的社会治理新格局，也正是社会治理现代化的题中应有之义。

当然，由于中国社会自身也处在剧烈转型的过程中，中国捐赠法律框架中有一些缺陷，影响到公益捐赠的效果；而捐赠意愿的过于物质化，也影响到长期捐赠的动因和效果。这些缺陷包括：

（1）税法缺陷：根据中国目前的税法，企业捐赠款少于年度净利润 12% 的部分可以税前全额扣除，也就是说，捐的款越多，纳的税越多，这对以营利为目的的企业来说也是不小的压力。

（2）专项的慈善法律法规尚不健全：现行的法律法规尚不足以规范、保护和促进慈善事业的发展。特别是捐赠财产的使用情况如何真正做到公开、透明、有效化，法律所提供的保障并不足够。

---

① 业内人士透视"99 公益日"　助力共同富裕　人人皆可公益. 中国社会报，2021 – 11 – 25.

（3）私有产权保护不足：由于对私有产权保护的法规不完善，缺少连续性，经常变化，中国民营经济主体的企业家们缺少足够的"恒心"。因此，一些人宁可将资产隐匿或转移国外，也不愿露富，捐赠给社会。

不过，比法律框架的不完善更加重要的是，普遍性捐赠价值的缺失，是公益不得不面对的现实。虽然中国的捐赠价值来源较为清晰，如前所述的中国传统慈善文化、社会主义核心价值观、中国人集体主义观念以及对于未来经济发展的信心，但这些价值来源之间缺乏必要的整合与人群的兼容，使得捐赠的主流文化难以形成。彼得·德鲁克提出"公益组织的使命是改造人类和社会"，但缺乏价值观的改造是不可想象的，也很可能是危险的。

道格拉斯·诺斯认为：行为由制度决定，而制度又由正式约束与非正式约束共同构成。法律制度的缺陷和捐赠价值的缺失，让正式约束和非正式约束都难以在中国的公益慈善事业中发挥应有的作用。针对这两方面，政府在完善捐赠的制度环境方面正在持续地做出努力；而重建中国的主流捐赠文化，正是公益组织责无旁贷的使命。

第二节　公益组织的资源动员

从公众和企业角度所说的捐款，切换到公益组织的角度，就是社会资源的动员，当然所捐的款或物只是社会资源的一种。如今资源动员理论成为公益慈善研究中的一个重要理论，它将公益慈善与社会动员、资源特征以及社会运动联系起来，通过社会资源特征来解析公益慈善与社会运动的内在机理。

所谓社会资源，不仅包括资金等物质财富资源，也包括信任、信息等非物质资源。在改革开放之前，中国的社会资源具有总体性社会的基本特征，即由国家掌控了对于稀缺社会资源的动员和社会活动空间。[①] 但在中国进行了市场化改革之后，社会资源动员的主体变得多元化了，除原来的国家及其附属部门外，企业、非营利组织甚至公民个人也有了进行社会资源动员的机会，公益组织的社会活动空间进一步扩大。

---

① 马金. 社会资源社会化重组的实现方式：兼论"希望工程"对"星光计划"的启示. 中国民政，2002（4）：30－31.

一、公益组织资源动员的基础

和市场配置经济资源从而促使经济效率最大化的原理一样，在社会领域由社会组织进行的资源动员也带来社会事业的效率最大化。而在中国，公益组织进行资源动员的基础主要来自四个方面：公益组织的合法性、公益组织的正确定位、公益组织的公信力建设以及公益慈善上下游网络的建立。

首先，公益组织合法性在社会资源动员主体存续中具有特殊重要的地位。中国的 NGO 事业是在改革开放之后才开启的，包括公益组织在内的各类社会组织的合法性也是在市场化改革进行了一段时间之后才得以确立的。而《公益事业捐赠法》《慈善法》等也为公益组织进行社会募捐赋予了合法性。这是所有公益组织进行社会资源动员活动的前提。

其次，公益组织要有正确的定位，才能动员特定领域的社会资源。公益组织不能什么都做，必须体现出自己在某个领域的专业性，这样才能形成有效的资源动员能力。如果潜在的捐款者本身对这个领域（如白血病儿童扶助、精准扶贫、城市河流环保治理等）有着长期的关注，并且一眼就能看出这个组织关注的是哪个领域，专业专长是什么，要做的事情是什么，那么很快就能做出捐献还是不捐献的决定。

再次，公益组织的公信力是募集社会资源的核心要素。2011 年"郭美美事件"后，中国官办公益组织的公信力受到极大质疑，以至于全行业都在进行反思，与事件直接相关的中国红十字会也启动了自我改革。现在看来，中国公益组织的公信力主要是通过财务透明和业务成效来体现，但这还远远不够。为了维系公益组织的公信力，关于社会资源来源和去向的自我披露、媒体监督、有关部门监督都是非常重要的，但最有效的还是捐赠人直接地参与、监督。这能够让公益的腐败率降到最低。而在捐赠人参与和捐赠人管理方面，国内公益组织还没有探索出普遍有效的模式。

最后，公益资源的大规模汇集和有效分配，还取决于公益慈善各个链条环节的完整性和公益网络的覆盖面。和市场的上下游、供应链等概念类似，公益事业也需要一个环节完整、分工明确、衔接高效的社会网络。如此，才可能动员更多的社会资源，以及对此进行善用。

二、公益组织资源动员的方式

企业和公益组织的目标是一样的，都是为了解决社会问题而创设。其不同在于，企业能够将社会问题转化为社会需求，并通过商业的方式创造价值和分享一部分价值。而公益组织则是在发现社会问题后，创造更多参与入口，即动员更多资源去解决社会问题，从而推动社会进步。

"动员"是组织或团队确保掌控足够的行动资源的过程，这显示了资源动员理论主要关注集体行为中组织或团队选择怎样的机制来获取资源，如何使用这些资源带来社会影响，以及外界环境中的资源在什么情况、何种程度下增加。那么，中国的公益组织在资源动员方面都采取了何种方式，取得了何种效果，又面临着哪些问题呢？对公益组织来说，动员资源是非常重要的一项工作，有助于增强组织的资源优势。从进行资源动员的基本动因和内容的层面，公益组织的资源动员方式包括以下几种：

（一）体制动员

通过体制内的机构和流程进行社会资源的动员，其实是以往国家垄断社会资源动员模式的延续。在以往权力视角的社会治理阶段，企业家习惯于将捐款投入与政府关系密切，或者就是各级政府分支机构的部门，特别是慈善会、红十字会等与政府关系密切的官办慈善机构。在政府公信力的支持下，体制内的社会资源动员还有很大的发展空间。

值得注意的是，近年来在官办公益组织积极发挥体制内优势的同时，许多民间公益组织也积极与政府建立合作关系，在政府资金、信息等资源的帮助下，助力解决社会问题。以政府购买服务的形式开展公益活动的社会组织数量急剧增长，意味着现有的体制内资源是支持公益组织发展的。

（二）价值动员

中国传统慈善的物质目标大于精神目标，即世俗政府所主导的慈善救助方式多以养济为主，在政府主导慈善和世俗文化成为主流的情况下，明显缺失介入性的精神层面建设力量。而现代公益组织则更加注重精神层面的"扶贫"，即首先可以在社会责任和自我价值上动员机构自身的专业人员，使组织成员有集体认同感，积极为组织工作；采用招聘、培训等方式，吸引专业人员参与，创建专业化团队，增强服务水平与能力；同时可以用更广泛的公益慈善价值去号召志愿人员、公众的加入，呼唤人们心中的真善美，建立激励措施，例如志愿者津贴、小礼品等，稳定志愿者队伍；在本地进行大力宣传，让群众充分了解该组织且愿意加入，让他们意识到公益是每个人的责任。

（三）专题动员

慈善资源的动员必须有自己的主题。这个主题一般来说是捐赠者所关注的社会问题。关于社会层面的关注点，可以从中国公益资源的流向来确认。《慈善蓝皮书：中国慈善发展报告（2021）》显示，中国公益资源流向的四大方向为教育、医疗、救灾和环保，[①] 其实也暗示了公益资源聚集的动因，即捐款人最为关注、最想要出力解决的社会问题，其实多集中在这几个领域。事实上，这些领域也是中国公益组织投入最多资源的地方，就是因为以此为主题的社会资源动员，相对容易找到更多的支持者。

以教育类公益项目为例，中国自古就重视教育，有兴学的传统。由中国青基会在 1989 年发起的"希望工程"，在很多人心中是公益的代名词。近年来，在中国每年近 1 000 亿元的社会捐赠额中，教育是受捐赠最多的领域。教育类民间公益组织中的社会网络对组织资源动员具有桥梁作用、聚合作用、拓宽作用和稳定作用，但社会网络也可能导致资源动员无序、资源动员渠道被堵塞，以及资源流失问题。

一方面，伴随着经济增长，民间资本开始逐渐活跃，逐渐表现出对教育事业的关注和影响。另一方面，民间组织相关制度的完善和相关慈善捐赠法规的出台，促进了教育类民间公益组织数量和规模的迅猛发展，更促进了民间资本与民间公益组织的融合。围绕着社会问题的解决，中国的公益组织蓬勃发展起来。它们的资源动员工作也卓有成效。

相关部门则坚持培育发展与监督管理并重，促进健康有序发展。针对慈善事业、社会组织迅速发展与监管不足的矛盾，近年来，在全国率先探索建立行政司

---

① 杨团，朱健刚. 慈善蓝皮书：中国慈善发展报告（2021）. 北京：社会科学文献出版社，2022.

法监管、社会公众监督、社会组织自律、社会组织党建"四位一体"的综合监管体系，建立"阳光慈善"信息公开平台和社会组织信息公开平台；全面加强社会组织党的建设，建立"三同步"、"五嵌入"、选派"第一书记"和党建组织员等机制，以党建引领带动慈善事业、社会组织健康发展；引导各类社会组织完善内部治理结构，规范运营行为，加强自身建设。对于2016年发生的"罗尔事件""同一天生日的你"等与网络慈善募捐有关的公众事件，坚持及时介入调查，依法严肃处理，有效地维护了依法行慈、规范有序的行业秩序。

（四）品牌动员

公益组织要通过以透明度和有效性打造的公信力，形成品牌公益，整合内部资源，构建分工明确、服务体系多样的团体，建设自己的专业服务领域和品牌，保障其资金用途、服务以及管理等信息上的透明度，提高威望和公信力，扩大影响力。

（1）明确目标：公益组织应该针对具体的资源进行动员，并明确目标，这样才能使组织者及时有效调动资源。

（2）宣传活动：采取宣传活动的方式向更多的人告知公益组织的存在，引起关注，吸引更多的资源加入组织。

（3）鼓励志愿者：如果公益组织能够招募到志愿者，可以给予志愿者合理的报酬，鼓励志愿者参与更多的活动，进而有助于公益组织资源的动员。

（4）利用社会网络：社会网络可以成为公益组织资源动员的有效渠道，利用这一渠道向更多的人进行宣传，招募志愿者，以更有效的方式进行资源动员。

这些社会倡导行动，通过引导各方力量广泛参与，营造"人人行善、全民慈善"，全方位营造崇德向善的社会氛围，借助传统媒体和新媒体聚焦效应和扩展优势，广泛传播慈善理念。像深圳举办"慈善月""慈善日""学生慈善一元捐"等活动，推动全民慈善教育，并健全慈善激励和表彰机制，设立"鹏城慈善奖"，编制"深圳慈善捐赠榜"，标榜慈善先锋，树立慈善榜样，激发社会正能量。

（五）创新动员

科技进步，让人类进入网络和 AI 时代，也产生了多种创新的资源动员手段。

互联网生态对社会实体网络会产生彼此促进的效应。社会网络理论认为，社会网络是一种社会资本，行动者可以利用社会网络获取所需要的社会各方面资源。

公益组织需要主动多渠道了解多方需求、主动沟通多方资源，快速、细致地掌握一线需求并提供解决方案，增加捐赠方的信任，建立完善的流程和系统（需求对接、物资采购递送反馈、捐赠人服务、联合传播等），确保快速响应。

基于网络的动员可以充分发挥平台优势，公益组织要积极拓展公益沟通渠道，促进线上交流，如积极利用网络筹集善款，并创建自己的公众号，定期推文，利用网络学习，提升自身能力，充分挖掘网络资源。

（六）跨界动员

激发社会各界的社会资源参与到公共事务的治理中无疑是推进社会各领域协同发展的一大关节点。跨界动员一要借力政府，将政府变成公共服务的伙伴。体制内资源对社会其他资源将产生重大影响。政府承认社会组织合法性，为其提高社会地位、链接资源奠定基础。并且政府要由提供公共服务向购买公共服务转变，为公益组织提供基本资金支持，彰显为人民服务的宗旨，稳定社会秩序，减少社会治理成本。二要借力市场，开发商业向善，特别是要超越以往单纯的捐赠者的角色，更深入地参与，成为公益慈善事业的主体。

不过，中国传统慈善遵循"关系慈善圈"的差序格局，这种建立在差序关系之上的捐赠文化必然存在一些问题，如固定月捐数量不多；熟人半熟人捐款多，陌生人捐款少；救灾捐款多，平时捐款少，等等。最主要的原因还是中国社会的现代捐赠文化尚未确立。因此，作为现代公益的主体，公益组织在筹集公益资源、改善捐赠文化方面可以发挥独特的作用。

同时，文化与制度是相辅相成的，为改善中国社会的捐赠文化，促进公益治理所必需的资源动员，我国必须完善相关法律政策，鼓励更多个人和企业走出自己的小圈子，参与公益事业，促进资源合理再分配，保障组织合法权利，促进其良好运转，等等。如此可以通过制度激励促进捐赠文化的改善。

第三节　案例：公益慈善促进第三次分配与共同富裕

在党的十九届四中全会报告中，共同富裕成为重要的社会发展目标，并且明确这一目标是要采取自愿原则，主要是通过第三次分配，也就是公益慈善来完成的。这就从党的角度高度认可了公益慈善资源的聚集和再分配是优化社会收入分配格局的重要路径。党的十九届四中全会将这一理论写入会议决定，也成为党对公益慈善事业认识不断深化的重要理论成果。

我国按劳分配为主体、多种分配方式并存的分配制度下，存在三次分配：第一次是由市场按照效率原则进行的分配；第二次是由政府按照兼顾公平和效率，通过税收、社会保障支出等进行的再分配；第三次是在道德力量的推动下，通过个人或企业自愿捐赠款物和提供服务而进行的分配。第一次分配的主体是市场参与的各要素主体，第二次分配的主体是政府，而第三次分配的主体是民间社会力量，包括企业、社会组织和个人等。慈善事业作为第三次分配的主渠道，是公民或企业自觉自愿助人济世的社会行为，是市场和政府两次分配的再分配，它在促进社会公平、改善收入和财富分配格局方面发挥着重要作用，是我国基本经济制度特别是分配制度的重要组成部分。

在中国的社会治理进程中，始终秉持着"共建共治共享"的原则，其中共享即共同享有治理成果。习近平总书记2015年在党外人士座谈会上的讲话强调，我们追求的发展是造福人民的发展，我们追求的富裕是全体人民共同富裕。改革发展成不成功，最终的判断标准是人民是否共同享受到了改革发展成果。确实，改革开放以来，我国经济发展突飞猛进，然而发展成果与惠及每个家庭和每个人还有距离。城乡之间、地域之间、群体之间存在着不小的差距，这种不平衡不充分的发展也引发了相应的社会问题。

在新中国成立乃至改革开放后相当长的一段时间内，中国的贫困问题值得关注。据《中国青年报》报道，2009年世界银行报告指出，中国政府确定的贫困线与世界银行推荐的人均每天1.25美元有一定差距。2005年的直接问卷调查数据显示，按当年美元购买力平价，中国仍然有2.54亿人口每天的花费少于国际最新贫困线。①

当然，根据英国《经济学家》网站的计算，参照当年的购买力平价系数，2005年中国的贫困线标准差不多是每天5.46元人民币，这相当于每天1.33美

---

① 世行报告称中国2.54亿贫困人口排名世界第二. (2009 - 04 - 10). http://cn.chinagate.cn/worldbank/2009 - 04/10/content_ 17585295. htm.

元。这个新贫困线标准是要高于世界银行 1.25 美元标准的。如果再考虑到城乡物价和消费差别，中国的新贫困线标准实际上相当于每天 1.83 美元的购买力，更加高于世界银行的贫困线标准。① 即便如此，每天 1.83 美元，每年不到 700 美元的生活依然艰辛。

上述数据虽然有差别，但均能反映十多年前中国的贫困问题较为突出。为达成在中国，特别是中国农村减贫扶贫的目标，2015 年 10 月 16 日，习近平总书记在国际消除贫困日的讲话中，明确提出了未来五年中国扶贫开发的目标：到 2020 年，7 017 万贫困人口全部脱贫，592 个贫困县"摘帽"，14 个片区解决区域性贫困问题。

这次大规模的扶贫工作中，政府就动员了企业、公益组织等相当的社会力量进入。因为综合看来，产生贫困问题的原因包括传统的城市化进程中大量农村人口的流失，以及工农业剪刀差等，导致农村贫困问题一直以来难以解决；在城市中，因为在现代化的进程中城市化发展出现了加速趋势，农村人口大量涌入城市，农村的贫困人口不断转化为城市贫困人口，贫困更多地在城市发生，贫困社区也开始出现。也就是说，无论在城市或者乡村，低收入问题的成因都是复杂的，如地理环境、资源不足、缺乏机遇等。这些问题不可能通过政府的单纯救助就能够解决，必须动员社会力量参与解决，如企业参与的农村基础设施建设、医院参与的健康医疗救助、基金会参与的乡村社区营造、社会服务机构参与的留守儿童照护等。

另外，从主观上来看，贫困发生的最重要的原因还是精神贫困。而从现代化理论来理解，现代化的观念决定现代化的行为方式，由于贫困是基于现代物质和福利标准衡量的，因此，根治贫困的元方案，在于"将现代性延伸至没有掌握现代性伦理的群体中去"。这是现代社会很多民间扶贫组织所秉持的扶贫理念。

在这一理念的指引下，许多扶贫类公益组织提出了"扶贫先扶志"的扶贫思路，将传统公益升级为人文化的公益。如中国农业大学教授李小云的河边村扶贫，就开创性地提出了"参与式扶贫"模式，对传统自上而下的扶贫模式作了反思和扬弃。其核心思想"赋权"，即增加社区和贫困人口在发展活动中的发言权和决策权，通过倾听目标群体的意见，将其看法、想法纳入决策之中，达到调

---

① 案例：探密中国贫困线.（2013 - 05 - 17）. http://www.71.cn/2013/0517/714675.shtml.

动受助人群参与积极性的目的，以培育贫困户自主脱贫致富的能力为核心。

"事实证明，当公益组织沉下心来去解决实际的社会问题，地方政府会予以极大力度的支持。"李小云说。小云助贫中心在河边村的各项发展措施逐步推进时，政府也加大了对河边村的投入，不仅为当地修建了 4G 网络，而且为当地盖房的农户提供每户 6 万元无息贷款、1 万元建房补贴，而建档贫困户则可以获得 4 万元的建房补贴。截至 2018 年，政府在河边村的投入已经超过 1 500 万元。

在现代化的进程中，经济的不平衡发展带来诸多社会问题和多个领域需要扶助的人群。在这一方面，其实政府和社会的关注点需要既有所区分又相互补充。关于党和政府对于社会问题的关注领域，党的十九大报告指出："完善社会救助、社会福利、慈善事业、优抚安置等制度，健全农村留守儿童和妇女、老年人关爱服务体系。"

2022 年 8 月 17 日，习近平总书记主持召开中央财经委员会第十次会议，会议指出，要坚持以人民为中心的发展思想，在高质量发展中促进共同富裕，正确处理效率和公平的关系，构建初次分配、再分配、三次分配协调配套的基础性制度安排。第三次分配是促进全体人民共同富裕的重要手段，是社会主义精神文明建设的重要方式，有助于保持社会的活力和创新力。

民政部原副部长宫蒲光认为，慈善事业是利国利民的伟大事业，是我国多层次社会保障体系的重要组成部分，是社会救助制度和兜底保障制度的重要补充，是我国经济制度特别是收入分配制度不可或缺的一部分，是实现社会第三次分配的重要途径，是社会主义核心价值观的重要体现，在消除贫困、促进社会和谐方面具有特殊的作用，是国家治理体系与治理能力现代化的重要力量。

改革开放以来，特别是党的十八大以来，我国扶贫工作取得了巨大的成就，为世界其他国家提供了经验、做出了表率。从精准扶贫到共同富裕，成效显著。目前中国社会的绝对贫困问题已经解决，相对贫困问题仍然存在；物质贫困得到缓解，精神匮乏亟须解决。公益组织在解决个性化社会救助和精神文化产品提供等方面，发挥着不可替代的作用。实际上，公益资源的聚集会带来公益治理主题的力量凝聚，而资源的发散又会带来社会问题的解决等积极效果。公益资源包括组织或个人向社会捐赠的财物、时间、精力和知识等资源，这些资源的聚集和发散，其实质正是社会财富的第三次分配。

第五章

应急减灾：
补足应急治理短板以提升治理能力

第一节　中国传统救灾模式及其缺陷

中国东部和中部地区在地理上属于亚热带温带季风气候，极不稳定，尤其是夏威夷高压势力的强弱、位置移动的快慢导致了不同地区频繁交替的旱涝灾害；此外，部分中西部领土处在印度洋板块和亚欧板块的交界处，地壳运动强烈；同时，中国 2/3 的面积是山区，地貌类型复杂多样，易发生灾害和事故。这些因素导致中国是世界上自然灾害发生广泛、灾种多样、灾情严重的国家之一，尤其以地震、干旱、洪涝、台风、风暴潮的危害最为严重。

古代中国常有发生大灾的记载，水灾、旱灾、蝗灾不一而足。历史上，灾害在削弱民众自身能力的同时，也给中央集权政府的统治提供了机遇。因为灾难将民众置于一无所有和更加脆弱的境地，必须仰赖政府而生存。政府如果有着充足的财政储备，则可通过调动全国性的资源，以最小的支出而获得最大的政治支持。同时，救灾所需要的大规模物资调集、人员流动、规划安排，也需要一个中央政权如身使臂、如臂使指的调度——所谓"集中力量办大事"。

救灾往往与政权合法性相关，中国古代的政权经常通过自然灾害获得或增强其合法性。"大禹治水"就是个典型的例子。相传禹本人不但凭借治水的重大贡献而取代舜成为部族领袖，还将权力延至家族二代。禹的儿子启凭借父亲的权威而建立了夏朝，以世袭制取代了禅让制。由于大规模救灾所产生的奇妙政治效果，历代统治者都将救灾视为政府的天职。而政府主导的救灾传统在剥夺民间政治权威的同时，也剥夺了民间通过政治共同体而构建自主的治理能力的机会。推而广之，救灾之外，连同经济发展、教育责任、传播事业，皇权政府都要统合承担。这种政府特别是中央政府担负了最大救灾功能的政治文化一直持续到今天。

不过，由救灾所赋予皇权统治的政治合法性也是柄双刃剑：一个政权如果不能救灾，就无法承担其统治者的责任。如果灾害大到政府难以救助，则政权的合法性就会受到较大威胁，此时的灾害就会被视为"天谴"，君主是需要下"罪己诏"的。汉末黄巾起义、唐末黄巢起义、明末农民起义，部分都是因为灾害过大而导致政权难以为继。以明末农民起义为例，长时期的西北大旱与清军入侵同时发生，导致明政府左支右绌，疲于奔命，最终亡于李自成之手。而代明而立的清政府虽然是少数民族政权，却因为履行了救灾使命，实现了人口增长，使得王朝延续到极长的时段。

中华人民共和国成立后，所经历的灾害并不比古代历史上任何一个时期数量更少、危害更小。1976年唐山大地震造成20多万人死亡，迄今仍是世界上死亡人数最多的地震之一；1998年的大洪水横扫二十多个省（自治区、直辖市），数千人死亡；之后地震、水灾、旱灾、雪灾等均有发生，对国家治理造成了极大挑战。

在应对上述灾害的过程中，党和政府均发挥着主导作用：中央地方联合组成救灾小组、地方政府筹集物质资源、解放军提供人力资源、媒体宣传着重救灾报道而非灾害报道等，成为固定的模式，也起到了良好的效果。

但传统的救灾模式也存在缺陷，特别是以自然灾害、公共卫生事件、突发事故灾难等为主的突发事件，从区域性发生概率分析已趋于常态化，但救灾主体，包括政府职能部门、慈善组织和其他相关服务机构的联动机制不健全、不成熟，严重制约应急慈善的发展。具体包括这几个方面：

一、灾害应急响应观念落后

从政府到社会层面，中国社会的防灾减灾救灾意识存在不足。尤其是基层人民群众对于自然灾害的危害性存在概念性偏差，对于各类自然灾害预警信号缺乏有效的认知。各级部门在宣传过程中，对于专业性名词解释不够通俗易懂，也导致缺乏预先训练和准备的人民群众防灾自救能力较弱。

此外，防灾减灾救灾基础建设主要依靠当地人民政府，受各地经济发展参差不齐的现状影响，各地防灾减灾救灾基础不同，且防灾减灾救灾工作见效慢，一些地方还不同程度存在侥幸心理。

如2021年郑州洪涝灾害中反映的京广隧道事故、地铁五号线隧道事故以及某小区居民困小区地下停车库三天等代表性场景案例，都暴露出当地人民政府此前在城市规划、项目审批中存在的漏洞与短板，未能未雨绸缪。说到底，这都是灾害应急响应观念落后的结果。

二、响应机制不完善与应急救援能力不足

当灾害发生后，政府作为灾害救助的最大责任人，需要对灾害做出恰当和及时的反应，但从近年来的灾害响应情况来看，许多地区不同程度地存在救灾能力不足的现象，包括：

（1）响应速度慢，与公众要求不适应。特别是在应急管理部设立之前，政府各部门对于灾害的应急响应范围不明确，管理政策滞后，应急管理体制不健全，导致职责不清，响应流程也不顺畅。

（2）打通防灾减灾救灾最后一公里仍存在差距。像最关键的基层一线报灾员，普遍存在身兼数职的现象，在不同行业、领域和地点之间穿梭，无法专注于某种特定类型的灾害上报，因此在上报这一重要环节上存在明显的短板。

（3）应急救援预案教条、烦琐，层层审批、层层指挥，这是由我国官僚体系的复杂性和层级控制权决定的，一线部门的自主权受到多方制约，无法充分授权做出决策，对于分秒必争的应急救援来说，易贻误最好救援时机。

（4）运用高科技救灾能力存在短板。在2022年河南洪涝灾害中，不管是无人机通信，还是大型救援船，都充分体现了高科技在救灾过程中的显著优势。但纵观同一年度发生的其他灾害，如疫情、旱灾等，部分地区受经济发展的限制，运用高科技救灾能力仍不足，偏远地区配备应急救援高科技设备的覆盖率仍不尽如人意。

面对灾害多发的现状，各地应急救援能力的加强迫在眉睫。

三、救灾捐赠管理机制不完善

中国人有着面对大灾积极捐献救助同胞的传统。但问题是，尽管在历次灾害中全国人民都捐赠了大量的钱款物资，展示了极大的抗灾救灾热情，但捐赠管理方面却并不完善，导致捐赠的使用效率有提高空间。救灾捐赠管理机制的不完善主要体现在：救灾捐赠管理综合协调机制失灵，救灾捐赠财政专户管理无政策依据，救灾捐赠物资调拨机制待完善，对社会组织救灾捐赠统计力度不足，救灾捐赠供需不匹配，信息管理机制落后，救灾捐赠监管机制待完善，基层救灾捐赠管

理出现漏洞，等等。

其中最大的问题在于救灾捐赠管理专业能力弱，市场化手段应用不足。在2008年汶川地震时期，四川省内的救灾物资大量被运送到村一级进行发放，却由于人力不足、经验不够而导致分配效率不高。同时大量资金涌入当地政府和红十字会的账户，但使用效率较低。广东省佛教协会曾向地震灾区捐赠数千万元，但直到2013年，这笔钱还没有全花出去，这也暴露出地方政府和国有大型公益组织在捐赠管理方面的能力不足。

四、灾后重建和减灾防灾缺乏战略性

2008年前，地方发生灾害后，灾后重建资金主要来自中央政府，但一般来说中央政府的资金救灾有余，重建则不足。特别是高强度、高损害的汶川地震发生后，关于震后重建的资金预估达到了一个天文数字，并非中央政府所能覆盖。此时民政部提出的"对口支援"模式，即来自外地地方政府的援助采取的"一省援一市，一市援一县"的方式，使得关于资金的问题在震后得到了积极的回应和妥善的解决，防灾减灾的战略性得到强化，并在近年随着应急管理部的设置而逐渐走向系统性的解决。

与此同时，大灾之后，最重要的是重建基础设施还是生活系统，是重建物质生活还是精神生活？这些问题考验着我们对灾害的本质理解。

在重建基础设施和物质生活方面，政府和企业发挥着重要的作用，因为需要大量的资金投入和有效的投资效果，这是政府和企业所擅长的。但讲到重建生活系统和精神抚慰，就必须由专业的公益组织才能做到位。特别是许多灾害的影响是隐形的，其所造成的抑郁症、精神创伤，以及被破坏的社区生活，都需要专业组织的心理干预和社区营造才能解决。

在现有的灾害救助体系中，公益组织的作用发挥比以往有了极大的进步，但仍然不能满足灾害救助体系建设的现实要求，更无法实现在灾害救助领域的治理现代化目标。为此，需要以真实的灾害救助为背景，在实践中探索公益组织的功能定位。

第二节　公益组织和社会力量参与救灾方式

汶川地震之后，中国的公益组织在新的救灾理念指引下，积极参与了雅安地震救援、鲁甸地震救援、河南水灾救援等，并在此过程中塑造了社会力量参与救灾的几种重要的方式，包括建立多维救灾机制、更新救灾资源动员体系、沟通和联合救灾力量参与救灾实际执行、转变救灾捐赠管理方式、探索新的灾后重建模式等。具体说来：

一、建立多维救灾机制

所谓多维救灾机制，指的是政府、市场、社会有序组合，从减灾、防灾、救灾、重建等多个维度形成体系化、制度化的救灾模式。这个多维救灾机制以党和政府为核心，但需要理顺各方职能和关系，结合机构改革后各部门职能调整情况，协同构建统筹应对各灾种、有效覆盖各环节、综合协调各方面的全方位、全过程、多层次的灾害救助体系。这个多维救灾机制的建设，关系到党政权威、政府与社会信任关系的树立，以及受灾民众对国家信心的强化。

其重点在于党政机构及其领导人如何更新传统的救灾机制，通过新机制能够将区域内的优质政治资源配置给灾民、有效组织和适时进行灾后决策、高效精干地组织灾后安顿、提振灾区重建士气、重整灾后社会秩序。公益组织积极参与以往的灾害救助，积累了巨大的资源和丰富的经验。应研究建立协调联动、快速反应、高效有序的灾害救助新机制，推动形成自然灾害防治的工作合力。

围绕党政对救灾工作的引领，需要发动多种类型机构在多个维度共同参与到灾害救助中来。在这里，要明确政府承担的是"紧急救治责任"，而市场力量、社会力量的参与在备灾体系建设方面作出战略设计，并在灾后重建过程中加强资源投入等，如此更加有利于各方优势的发挥。例如，商业机构参与救灾不如政府和专业救援组织反应迅速，但在灾后资源输入方面具有不可比拟的优势。所以灾害发生后，企业和企业家所能做的不仅是对灾区捐款，还可以在政府的监督下以市场和社会力量的身份参与救灾。"大灾保险"就是政府牵头，多个保险公司参与，利用市场方式参与防灾减灾救灾，从而在灾害发生前进行工作的很好范例。

此外，这个多维救灾机制还高度依赖救灾过程汇总的问题发现与信息沟通机制。2008 年汶川地震、2013 年雅安地震、2023 年华北地区台风灾害，都反映出救灾体系中信息沟通与反馈方面存在薄弱之处，并造成救灾行动的延迟或反复调整。如何完善信息沟通机制，精准预测、科学规划、及时行动，加强防灾减灾救灾动员与协调，对于政府引领、多方参与的救灾体系意义重大。

二、更新救灾资源动员体系

经历了多次地震等自然灾害的考验后，中国的救灾募捐从原来的体制内募捐为主，逐步走向"市场化"，试图在救灾时动员社会各方救助力量。特别是 2013 年和 2014 年的两次地震促使相关文件接连出台。

2013 年四川雅安芦山发生地震，民政部为此发布的《关于四川芦山 7.0 级强烈地震抗震救灾捐赠活动的公告》明确提出，个人、单位有向灾区捐赠意愿的，提倡通过依法登记、有救灾宗旨的公益慈善组织和灾区民政部门进行，捐赠以资金为主。

2014 年云南鲁甸地震后，《民政部关于云南鲁甸 6.5 级地震抗震救灾捐赠活动的公告》同样提出，倡导通过依法登记、有救灾宗旨且有公募资格的社会组织和灾区民政部门进行捐赠，捐赠以资金为主。

这两个文件的发布意味着，救灾募捐从行政干预机制转变为社会选择机制，从指定社会组织到"依法登记、有救灾宗旨的公益慈善组织"，被允许开展救灾募捐的社会组织大大增加。随着捐赠资格的取得，各种社会公益力量迅速开始整合，也开始运用更多社会资源，建构起更强大的社会力量参与救灾的网络。

三、建立救灾网络及社会力量参与救灾的综合协调机制

在救灾的实践中，政府与社会力量之间进行了合理的分工。在救灾捐赠的环节，政府明确了其救灾捐赠管理职能定位，主要负责统筹、协调、统计、监管。应急管理部门组织和接受捐赠，负责统筹协调救灾捐赠资金使用方向，汇总捐赠款物需求信息，进行供需对接。

汶川地震后，地方政府特别注意建立与社会力量合作的救灾捐赠综合协调机制，如依法协调发挥红十字会等社会组织的法定职能；建立包括社会力量在内的救灾信息沟通机制、行动协调机制等；建立救灾募捐慈善组织名单，并及时更新、公布。

在直接救灾的环节，以往的救灾过程中，无论是抗洪、抗旱，还是抗震，人民子弟兵大都是救灾的主力。在汶川地震救援中，数十万来自全国各地的志愿者和专业救援队伍，成为人民子弟兵的有力臂助，成为救灾不可忽视的一股力量。

在救灾协同机制建设方面，不仅政府起了重要作用，公益组织也日渐发挥了主导作用。例如，壹基金"紧急救灾"计划支持了 20 个省的社会组织联合救灾协同机制的建设，以推动社会力量属地化救援能力提升为核心目标，促进社会组织联合救灾行动规模化、标准化、专业化。十余年来，共有 1 000 余家当地社会组织参与到联合救灾行动中来。

壹基金在 20 个省设立了备灾仓库，与各地社会组织建立协同救灾预案和机制，每年进行能力建设培训和相关演练，在灾前做好准备工作。当灾害来临的时候，市县的社会组织在壹基金和项目区域协调机构的支持下可以做到快速响应、属地救援。

通过十余年的努力，壹基金建立了灾前、灾中、灾后全链条干预的灾害管理体系，布局了"儿童平安""安全家园""紧急救灾""韧性家园"四个公益计划，建立和完善了"壹基金救援联盟项目""壹基金联合救灾项目""壹基金企业联合救灾平台项目"三大救灾项目体系，支持灾害频发地区逐步形成了"省有协调机构，市县有专业机构，社区有志愿者救援队"三级属地社会救援梯队，有效地促成当地社会力量专业、规范、有序地参与减灾救灾工作。

四、转变救灾捐赠管理方式，发挥市场的专业优势

前文所述 2008 年汶川地震期间，广东省佛教协会曾捐赠数千万元给予地震灾区，但直到 2013 年，这笔钱还没有全花出去，使用效率较低。此外，"郭美美事件"等对红十字会系统公信力产生影响。在巨大的内外压力下，红十字会系统对此进行了深刻反思和改革，对定向捐赠流程作出了适当调整，并与专业机构建立合作协调机制，在物资仓储、统计、运输等方面开始采用更为专业的管理方

式，这极大地改善了红十字会的捐赠管理能力，并以此提升了红十字会的公信力。

值得指出的是，公共事件管理和决策过程中，信息是最急需、最稀缺的资源，唯有充分掌握了信息，才能进行科学决策。《慈善法》第三十条也规定："发生重大自然灾害、事故灾难和公共卫生事件等突发事件，需要迅速开展救助时，有关人民政府应当建立协调机制，提供需求信息，及时有序引导开展募捐和救助活动。"

随着过去十余年民间力量（包括商业和慈善组织）迅速壮大，有能力深度参与应急管理过程，政府部门应该并且能够建立以信息共享为基础的慈善资源协同配置模式（简称"信息协同模式"），来替代以往以款物归集为核心的统一调配机制。这也与《慈善法》的立法精神相一致。

五、探索新的灾后重建模式

当紧急迫切的应急救援告一段落后，持久渐进的灾后重建工作才刚刚展开。灾后重建工作的内容不仅包括倒塌房屋的重建，也包括心理辅导、青少年教育、学校重建、邻里关系恢复、伤残康复、社会工作、生计帮扶、生态环境保护等各类社会服务。其任务之繁重、需求的资源之丰富、专业性之高，并不低于应急救援。

在传统的灾后重建模式中，有一些问题长期存在，包括：规划缺乏专业性、系统性和战略性；仅从房屋、基础设施、生活配套等"硬件"的重建入手，而非重视治理体系这一"软件"，等等。而在汶川地震后，更多的社会主体参与灾后重建，形成了一种由党委、政府、企业、社会组织、慈善组织等共同打造的良好的社会治理结构。

首先，在党委、政府的领导下，国家综合运用财政、税收、金融、产业、就业等各类政策，统筹协调中央和地方各项财政投入、对口支援、国内银行贷款等资金，投入大量资源重点支持城乡居民倒塌毁损住房、公共服务设施和基础设施等的恢复重建。

同时根据受灾程度、恢复重建对象的不同，实行分类支持。在汶川地震中实行的对口支援的模式（即外地一个省援助一个受灾市，外地一个市援助一个受灾县），在重建中发挥了重大作用。有些地方还实行了领导干部包户的灾后重建帮扶、联系制度，帮助群众解决实际困难。

政府对工商等企业则注重恢复生产和重建，运用发挥市场机制进行支持。此外注重统筹协调，形成合力。引导使用好各类捐赠资金，使政策安排、资金投入及重建规划相互衔接，有机配合，形成合力。

其次，在社会层面，更多的社会组织和企业被动员起来参与了灾后重建。在各方配合、联合救灾的过程中，心理重建、生活方式重建、商业网络重建等成为公益组织介入重建的重点，而这些领域在以往救灾的过程中往往被忽视。而灾后重建的长期效果成为各种救灾主体共同追求的目标。

2020 年 7 月 20 日，《民政部社会组织管理局关于引导动员社会组织积极参与防汛救灾工作的通知》（民社管函〔2020〕83 号）发布，提出基层社区社会组织、社工服务机构、志愿服务组织要在当地党委、政府的统一部署下，配合做好灾情预警、群众安置、困难帮扶、社区服务、心理疏导、宣传动员等工作，力所能及地帮助降低灾害损失，恢复正常生活秩序。

事实证明，公益组织作为社会力量参与救灾，弥补了以往救灾工作的许多短板，特别是在运用市场化手段募集资源，开展包括心理领域的灾后重建工作，补足政府救灾所照顾不到的地方等方面，并由此形成了更有效率的社会治理体系。

值得指出的是，在救灾的过程中，公益组织自身也获得了成长。慈善专业化建设得到加强，壹基金等专业性组织成长起来；公众对慈善募捐的关注提高，推动公益组织加快了透明化建设。为规范社会力量参与救灾，国家颁布了多项政策法规，加快了慈善法治化建设，同时在救灾的过程中各种公益组织相互之间以及和政府、企业之间建立了更紧密的联系，促进了慈善网络化建设，从而可以在社会治理的过程中发挥更加重要的作用。

第三节 案例：从政府包揽到民间动员的救灾模式变化

2008 年 5 月 12 日 14 时 28 分 4 秒，我国四川省阿坝藏族羌族自治州汶川县发生了里氏八级的强烈地震。这场地质灾害造成了巨大的人员和财产损失，截至 2008 年 9 月 25 日，共计有 69 227 人遇难，374 643 人受伤，17 923 人失踪。此外，还导致累计受灾人数高达 4 600 万左右，直接经济损失据估算为 8 451 亿元人民币，是新中国成立以来损失最为惨烈的地震之一。针对这场历史罕见的重大灾难，中国所采取的救灾模式可以按时间和内容分为四个板块：及时预警、应急响应、全面救援和灾后重建。其中第一、第二个板块是需要重点反思的，而第三、第四个板块则足以成为灾害救助的典范。

一、及时预警

汶川地震发生后，在全国人民积极支持国家抗震救灾的同时，中国地震局作为地震预警单位却受到全国网友的舆论压力。因为本次地震发生之前，没有任何单位发出预警，导致灾害发生时人们猝不及防，遭受了难以承受的生命财产的损失。在地震局的网站上有多条留言，对预警系统的不完善提出强烈的批评。

事实证明，地震灾害是可以预测的。日本从 2007 年开始向全国提供地震预警服务，地震预警能够在地震造成灾难之前向人们发出警报。一般来说，提前 20 秒预警，可以减少 63% 的地震伤亡。

汶川地震的惨痛教训也促使国家开始全面提升灾害预警能力建设。2018 年 3 月，国家应急管理部成立，此后，全国性的灾害预警系统开始发挥作用。2022 年 9 月 5 日，四川省甘孜藏族自治州泸定县发生 6.8 级地震，四川、重庆部分居民的手机提前收到了地震预警信息。

在一个自然灾害多发的国家，应急管理部的成立意义重大，这意味着国家从单纯地加强社会对某种类型灾害的预警能力，进展到全面加强灾害调查机制，系统增强灾害预警能力。大规模灾害调查是政府的重要职责。目前应急管理部正在建立和完善自然灾害风险普查与常态摸排机制。在此过程中应充分发挥应急管理部的综合协调优势和各行业主管部门的专业优势，建立健全自然灾害风险普查与常态风险隐患排查业务工作相互衔接、相互促进的工作机制。

二、应急响应

在预警响应机制建设的基础上，同时应完善应急救援响应机制。在应急响应方面，汶川地震发生后，党中央第一时间发布全国总动员令，启动国家一级应急预案；第一时间从各大军区调集部队，协调全国各种资源驰援灾区。地震后的72 小时内，已经有超过 10 万的救援人员前往灾区参与救援，包括海陆空三军以及武警消防等，体现了强大的国家动员能力。同时民间救援力量也从四面八方赶赴灾区，甚至一度造成灾区交通道路的堵塞。应急响应方面如何加强管理，以便及时和有效地进行第一时间的救援，成为本阶段救灾工作中需要总结和反思的部分。

汶川地震后，政府灾害管理的顶层设计中，开始特别重视应急救援响应机制的建立，包括建立自然灾害综合风险防治责任体系。完善自然灾害管理体制，按照分类监测、分级预警、分工负责的原则，构建集新技术、新装备和专兼职队伍于一体的基层预警信息发布服务体系，细化自然灾害预警响应措施，修订完善应急预案，确保预警信息与响应启动的衔接，抓好各项应急准备和灾害救助工作。汶川地震中应急救援工作的经验和教训都表明，减灾防灾落到实处，需要提升的是社会治理法治化的水平。

三、全面救援

汶川地震中的民间志愿救援工作是整个救灾过程中可圈可点的部分。在汶川地震救灾过程中，以往政府包揽救灾全程的情况发生了重要的变化：除以国家领导、民政部门指挥的抗震救灾为主导，军队的救灾力量发挥重要作用外，全国成千上万家社会组织、数十万名志愿者奔赴灾区，其中不乏享誉国际的国际 NGO 团体、红十字会、中华慈善总会、慈济基金会等。灾区状况第一时间以新媒体的方式传递给公众，全国公众和企业的累计捐款额达 600 亿元。汶川地震发生后，国内外各种救灾力量，包括官方救援机构、民间慈善组织、志愿者、国外救灾组织等迅速投入抗震减灾中去，也冲击了传统的救灾模式。

2008 年 5 月 14 日凌晨，十位山东日照的村民开着家用三轮车，带着同村人凑钱买的方便面和矿泉水，以及自己吃的干粮、煎饼、咸菜从日照出发了。除了停车加油，十个人轮流开车不停歇，经过 4 天 3 夜，行程 3 000 余公里，抵达了四川参与救灾。据统计，在灾后几个月之内，像这样自发到达灾区提供物资和救助服务的志愿者达到史无前例的 80 万人。

公众的参与热情犹如井喷，令人动容和感佩。但地方政府还没有做好准备应对公众如此高的参与热情，以至于一开始显得不知所措。在这种情况下，有救护经验的公益组织和志愿者大显身手。他们成立了联合救灾小组，统一信息发放和物资调度；有的组织到达了最难到达的灾区；有的组织宣布将参与灾后重建 10 年之久。而在此过程中，更多的救灾组织建立了和地方基层政府之间的紧密长期的合作关系。

上述情况表明，救灾权的垄断被逐步打破。这具有深远的意义——中国的治理结构中，第三部门正式登上历史舞台，改变了原来单一的治理结构。而整体的救灾模式也发生了如下变化：

（1）救灾主体多元化。汶川地震发生后，以政府为主导、多元主体协同参与治理被誉为"中国政府自新中国成立以来最成功的一次危机应对"，实现从政府主导向政府、社会多方参与转变。

（2）救灾方式多样化。即不仅有救死扶伤和物资供应方面的常规救灾举措，随着各种类型的社会机构参与进来，心理重建、生活重建、社区重建等新的救灾方式也在汶川地震救灾中呈现出来。

（3）资金筹集民间化。以往的救灾资金多来自政府层面，而汶川地震之后，中国公民的慈善意识被激发出来了，当年的捐款总额是 2007 年的近两倍，此后多年一直保持高位。而初步富裕起来的中国社会也更愿意为身处灾害中的同胞贡献一份心力。

（4）捐赠管理不断改进。在汶川地震后，救灾捐赠管理机制得到了极大改进，如救灾捐赠管理的范围得以明确，救灾捐赠管理法律法规得以完善，救灾捐赠管理体制得以理顺。社会组织在救灾捐赠组织、接受、物资仓储、调拨、运输、使用等方面与各职能部门的职责分工和综合协调体制得到明确，政府救灾捐赠管理职能定位如统筹、协调、统计、监管等得到确认。社会捐助接收机构在救灾捐赠管理中的作用有所加强。

捐赠管理机制的改善还表现在顶层设计上完善了灾情与救灾捐赠需求评估制度，加强救助捐赠信息管理机制建设，公布救灾需求清单，建立救灾捐赠网络平台，实现资源匹配，引导有序开展捐赠；修订完善救灾捐赠统计制度，推进统计口径与标准建设，加强社会组织救灾捐赠统计；增强灾害信息员网络在救灾捐赠管理工作上的作用，等等。

四、灾后重建

以往的救灾多集中于灾害发生之后较短的一段时间，关注人员和资金的损失，并由政府补偿或扶持。但汶川地震后，灾民得到了全社会长时段的关注，受灾群众的安置工作有条不紊地进行，各种社会资金也多流入灾后重建之中。

在灾后重建工作中，民政部救灾司提出的方案被国务院采纳，成为富有中国特色的灾后重建模式，并取得极大成功。这就是对口支援重建政策，即全国各地的支援，是以"一省对一市，一市对一县"的方式，将全国兄弟省市的资源有效有序地引入灾区，从而形成可持续的灾后重建力量。

在对口支援重建政策的实施过程中，许多地方政府都是借助公益组织在灾区开展社会服务和具体的重建工作。如在广东的对口援建中，万科基金会对于灾区板房建设和灾民房屋重建就给予了直接支持；中山大学、华南师范大学的援建队伍依托第一流的心理干预研究实力，第一时间组建了心理援建队伍赶赴灾区进行灾后心理重建工作。上海市对口援建都江堰市，用最快的速度建设了板房，让灾民全部入住，并且根据上海本地的社区管理经验，在板房区引导居民进行社区自治和分片管理，以尽快恢复正常生活。

2008 年的汶川地震，以及 2010 年玉树地震，2013 年岷漳地震、雅安地震，2014 年鲁甸地震，均造成了巨大破坏。而在这些灾害救援和重建的过程中，在越来越完善的政府救灾机制的引导下，公益组织在救援中都发挥了重要的作用。如在 2013 年的甘肃岷漳地震后，民间公益组织壹基金成为第一批到达现场的救灾机构。这些都说明了公益组织深度介入了中国社会的治理体系，公益治理成为有效的社会治理路径之一。

第六章

社会服务：

以专业服务满足人民美好生活需要

随着经济和社会发展，中国人对于社会服务方面的需求日益增长。而公益组织在开展社会服务方面，又具备相应的资源和专业优势。事实上，公益组织中有相当部分具备社会服务功能，积极参与减贫、教育、医疗、养老、儿童、残疾人服务、公共安全、社会救助工作，以促进社会公正。《中共中央　国务院关于支持深圳建设中国特色社会主义先行示范区的意见》中提到，要实现幼有善育、学有优教、劳有厚得、病有良医、老有颐养、住有宜居、弱有众扶的民生幸福标杆战略定位。目前看来，公益组织在实现"老有颐养""幼有善育""弱有众扶"这几个重要的治理目标方面，发挥着不可替代的作用。

第一节　老有颐养：养老服务的社会供给

一、银发时代提前来临，需求与服务脱节

在经济现代化的过程中，中国人口老龄化问题也日益突出。2023年10月23日重阳节前后，民政部发布了《2022年民政事业发展统计公报》。公报显示，截至2022年底，全国60周岁及以上老年人口28 004万人，占总人口的19.8%，我国已进入中度老龄社会。其中65周岁及以上老年人口20 978万人，占总人口的14.9%。[①] 另据全国老龄办预测，到2033年，中国老年人口将突破4亿，占总人口的1/4；2053年达到峰值4.87亿，占比超过总人口的1/3。[②] 这些数据表明中国已经进入了中度老龄化阶段，并且在未来几十年内将进入重度老龄化阶段。

面临人口老龄化高原态势，养老越来越成为全社会关注的重点话题。2019年，中共中央、国务院印发《国家积极应对人口老龄化中长期规划》，将积极应对人口老龄化上升为国家战略。2021年11月，《中共中央　国务院关于加强新时代老龄工作的意见》发布，提出加强党对老龄工作的全面领导，坚持以人民为

---

① 中华人民共和国民政部. 2022年民政事业发展统计公报. https://www.mca.gov.cn/n1288/n1294/n1554/c1662004999979995221/content.html.

② 新一代"银发族"正在主动追求高品质老年生活. 21世纪经济报道，2023 - 10 - 24.

中心，推动老龄事业高质量发展，走出一条中国特色积极应对人口老龄化道路。2021 年 12 月，国务院印发《"十四五"国家老龄事业发展和养老服务体系规划》，全面部署"十四五"时期中国老龄事业和养老服务的发展目标和工作任务。在这些文件中，国家重点强调了养老服务体系的建设，在这个体系中，包括政府、企业、社会服务组织都可以成为养老服务的重要主体。

所谓养老服务指为满足老年人物质生活和精神生活的基本需求，向其提供必要的生活服务，涉及老年人衣、食、住、行等多个方面，包括日常保洁、康复护理、养老保险、文化活动等。从职能上讲，政府应该提供养老服务，但政府提供养老服务是需要成本的，存在着一个质量和效率问题。正是提供高效率、高质量养老服务的目标，推动政府不是大包大揽地直接提供服务，而是寻求与非营利组织和社区之间进行合作。而且，仅靠政府购买服务仍然不能满足多数老人的养老需求，这就推动政府以敬老协会为中介，开展社会动员，发动更多的社会力量参与提供养老服务。

根据养老场所和服务形式的不同，大致可将现有养老模式分三类，包括居家养老、社区养老、机构养老。其中居家养老指以家庭为核心，老人与成年子女等家庭成员共同生活，或独自居住在家养老。该模式因成本较低、老人对环境较熟悉、家人可陪伴时间较长，是大多数老人养老的主要选择，也符合中国以孝为先的传统家庭文化。社区养老指依托社区公共资源和服务设施，或引入专业养老机构服务，如社区老年食堂、日间照料中心、社区卫生服务中心等，让老人在所生活的社区范围内，即可快速、便捷地获得相应生活服务。对生活自理能力相对较弱或子女不在身边的老人来说，社区养老是居家养老的有力补充。机构养老主要指以养老院、康养中心、托老所、老年公寓等专业化养老机构为主体的养老模式。该模式可将老人集中起来，提供居住、就餐、医疗、娱乐等全方位服务，但需要的建设成本和资源投入较高，适用失能或失智程度较高而家人无力照顾的老人群体。

二、居家养老案例：宁波海曙政府购买服务项目

关于公益组织助力居家养老，宁波市海曙区人民政府的购买服务项目是其中的代表。海曙区是宁波的中心城区，老龄化问题严峻。2006 年户籍人口 31.36 万

人，60 岁以上老人占总人口的 17.1%，为 53 657 人。老人对社会养老设施和服务的需求迅速上升，机构养老方式已远不能满足需求。同时，随着家庭结构分化和工作结构变化，空巢家庭日益增多，2006 年海曙区的孤寡老人、独居老人、空巢老人达 25 755 人，占老人总数的 48%，家庭养老功能日益弱化。探索一种成本低廉、不脱离家庭亲情、以社区为依托的居家养老方式，使越来越多的老年人安享晚年，已成为一项紧迫课题。

海曙区人民政府于 2004 年 3 月出台政策，为高龄、独居的困难老人购买居家养老服务。主要内容是由海曙区人民政府出资向非营利组织——星光敬老协会购买居家养老服务，社区落实居家养老服务员，每天上门为辖区内 600 余名老人服务。服务员的主要来源是社区中的就业困难人员，服务内容包括生活照料、医疗康复、精神慰藉等。同时大力完善义工队伍，招募义工为老人服务。构建起了以社区为依托的"两走"（走进去、走出来）模式的社会化居家养老体系。"走进去"指服务人员走进老人住所提供服务。"走出来"指让老人走出自己的小家，走进社区的大家，来到社区居家养老服务中心或日托中心。为了满足 24 小时托老护理需求，2006 年还成立了居家养老照护院。这一政策的运作机制是"政府扶持、非营利组织运作、社会参与"。2004 年 9 月以来，这一政策已在全区 64 个社区中全面推行，并取得了相当的成效。

第一，政府购买服务满足了高龄、独居的困难老人的多样化需求：义工上门服务满足了大量独居、困难老人的需求；企业和个人认购服务解决了上述老人 1 小时服务时间不够的问题；个人购买服务满足了有购买能力的老人的需求；日托中心和老年民间组织满足了大部分行动方便老人的需求；"81890"求助热线和"一键通"电话机解决了独居老人的紧急救助问题；居家养老照护院解决了少数老人临时全天候护理的问题。通过居家养老服务员和义工"走进去"上门服务，提高了老人的基本生活质量；通过各年龄段老人"走出来"，走进街道社区日托所和各类老年组织，丰富了他们的精神生活。广大低龄老人担任义工提供居家养老服务，通过"服务今天，享受明天"的义工银行制度，既丰富了今天的精神生活，又提高了明天的养老保障。

第二，减轻了政府的财政负担。据统计，建设一个具有基本养老保障功能的养老机构，每张床位的初期固定投入最少为 5 万元，以后每张床位每年还需补贴 3 000 元。购买居家养老服务，政府只需支付每人每年 2 000 元（2007 年起增至每人每年2 400元）。实际上通过这项制度创新，海曙区政府每年只需支出一两百万元，就能履行传统机构养老需要支出三四千万元才能履行的职能。从较长时期来看，居家养老的投入成本仅为传统机构养老的1/4。同时，这一政策的实行又提高了政府的公信力，丰富了养老服务的形式，改善了养老服务的质量，强化了政府的社会管理和公共服务能力。

第三，非营利组织得到了扶持和发展。通过这一政策，星光敬老协会得到了长足发展，社会公信度也日益提升。社区内各种老年民间组织显著地发挥了作用。非营利组织服务功能得到改善。同时，通过义工招募，扩大了这一政策的社会参与度，把蕴藏在社会中巨大的养老人力资源挖掘出来，更好地满足了老人的个性化需求。同时，一支基数较大、相对稳定的义工队伍的存在，大大增加了这一政策的受惠人群。

第四，社区有了一个强化服务能力的平台，服务的空间更大、能力更强了。社区中的就业困难群体通过进入门槛较低的劳动提高了自身的福利。通过"走进去、走出来"，使"居家养老"中的"家"由传统的小家扩展到社区大家庭，形成了一个政府、中介组织、社区和家庭联动的新型社会化养老服务体系。公民的参与热情得到了激发，社会敬老、爱老的传统美德得到了弘扬，互助互爱、关心他人、乐于奉献的社会风尚得到了传播。

第五，政府低成本、亲情化的服务激发了养老的社会需求。通过个人购买服务、企业认购服务、社会认养服务的积极推行，大大拓展了养老市场，为社区中的就业困难人员提供了岗位。通过一个弱势群体为另一个弱势群体提供服务，解决了两个群体的福利问题。

这个项目的逻辑是非常清楚的，即"政府扶持、非营利组织运作、社会参与"。区政府将购买服务的开支列入年度财政预算；非营利组织运作，指的是星光敬老协会负责项目运作，承担审定服务对象、确定服务内容、培训服务人员、检查和监督服务质量等工作；"社会参与"指整合和利用社会资源，积极推行个人购买服务、企业认购服务以及社会认养服务等；同时积极开展社会动员，2007年还成立了居家养老义工招募服务中心。

目前看来，海曙区人民政府购买居家养老服务项目在实践中取得了以下良好效果：

海曙区的老人真正实现了老有所养、老有所乐、老有所医、老有所学、老有所为，老人的生活品质极大提高，幸福感普遍增强，特别是那些最难发出声音且可能为人们所忽视的高龄、独居、困难的老人得到了实惠。

政府养老成本显著下降，政府公信力极大提高。通过这项制度创新，海曙区政府每年只需支出一两百万元，就能履行传统机构养老需要支出三四千万元才能履行的职能，同时丰富了养老服务的方式，改善了养老服务的质量，政府公信力极大提高。

培育了公共精神，增进了社会和谐。这种模式培育了基层社会的参与，提高了公民社会的自我管理能力，使老年人在享受政府提供服务的同时，能为社会尽微薄之力。

三、居家养老项目如何提升地方政府治理能力

海曙区人民政府购买居家养老服务项目的创新特点体现在多个方面，如政府职能履行方式新、社会参与度高、覆盖面广、社会动员和社会参与方式新等。具体说来：

第一，政府职能履行方式的创新。海曙区政府重点履行社会管理与公共服务职能，但并没有大包大揽，而是寻求与公民社会的合作，政府主要扮演居家养老服务的规划者和购买者角色，从而实现了如《南方周末》主题报道所说的那样"用最少的钱做最多的事"。

第二，运作机制的创新。目前我国已有多个城市推行政府购买居家养老服务，海曙区政府2004年较早地提出依托非营利组织实施管理和服务，并且大胆尝试，取得了成功经验，这既是有别于其他城市的独特之处，也是项目得以健康、持续实施的保证。非营利组织自身也得到了长足发展。

第三，社会动员、社会参与方式的创新。该项目在运作机制中将扩大社会参与作为重要内容。社区的服务能力从中得到了很大提高，而通过实施"义工银行"的激励机制，创办居家养老义工服务招募中心，既吸引了广大民众特别是低龄老人的参与，又不断扩大老人的受益面，提高服务的质量。

第四，探索出了一种低成本、广参与和可持续的养老方式。这种"走进去、走出来"模式目前已比较成熟。海曙区政府购买居家养老服务的模式对地方财政和社会条件的要求都不高，容易在全国范围内复制和推广。在北京召开的海峡两

岸和香港、澳门社区服务交流大会上，海曙区荣获全国唯一的"居家养老示范区"称号。社会化居家养老模式正在宁波全市推广，已有香港、青岛、无锡、克拉玛依等10多个城市前来考察学习。

在一系列政策的支持下，我国养老事业取得了较大进展，广大国民的养老生活质量有了较大提升。海曙区人民政府购买居家养老服务项目为转变政府职能、建设服务型政府指明了方向，因此得到了国务院副总理、浙江省委书记等领导批示，民政部、全国老龄办、中国社会工作协会、中国老龄事业发展基金会、英国大使馆文化教育处、英国文化协会等国内外机构对此关注和推介。民政部和全国老龄办认为，宁波市海曙区的做法符合我国实际，体现了我国养老模式的发展趋势。目前该模式已经得到多个城市推广、借鉴。

不过，相对于国民多元化的养老需求而言，目前我国养老供给仍存在着发展不平衡不充分的问题。在目前的三种养老形式中，中国人仍然以居家养老为主，在机构养老和社区养老等社会养老服务体系方面有很多工作尚未完善。

作为国民经济的支柱性产业，养老服务业兼具市场属性和公共属性。一方面，随着老龄化时代到来，"银发经济"的潜能逐渐受到更多关注，催生出诸多新兴业态和产品形式。另一方面，养老服务也是公共事业和社会福利的一部分，事关数亿老年人的基本生活保障，政府在其中起到重要作用。近年来各地相继出台相关政策推动居家和社区养老服务体系建设。其中公益力量扮演了重要的角色，形成了养老问题的公益治理方案。但实际上这还远远不够，在人口老龄化的压力和挑战下，利用金融工具和技术的媒介作用提高老年收入保障，化解老年风险，是适应传统养老模式转变、满足群众日益增长的养老需求的必由之路。在此背景下，大力发展养老金融日益成为社会各界关注的焦点，事关社会稳定和谐与国民养老福祉。

第二节　幼有善育：儿童友好型社会的建设

根据中国儿童福利和收养中心2022年11月在京发布的《中国未成年人保护发展报告蓝皮书（2022）》，在我国14亿人口中，18周岁以下的未成年人约有5

亿人，约占总人口三分之一以上①，中国是名副其实的儿童大国。

作为一个现代化进程中的国家，中国儿童权利保护的现状不容乐观。多年来，在农村，留守儿童问题相对突出；在城市，儿童权利保护也有诸多需要完善的地方。因此，2021 年《中华人民共和国国民经济和社会发展第十四个五年规划和 2035 年远景目标纲要》明确提出"优化儿童发展环境，切实保障儿童生存权、发展权、受保护权和参与权"。2021 年，国家发展改革委等单位出台《关于推进儿童友好城市建设的指导意见》，为中国的儿童友好型社会的建设提出了切实的努力方向。② 而自 2015 年以来，北京、上海、深圳、广州、长沙等市相继提出要建设儿童友好型城市，并将这项工作纳入发展战略规划。

儿童友好型城市的理念诞生于 1996 年，由联合国儿童基金会和人类住区规划署共同提出，意为不论大中小城市还是社区，在公共事务中都应该给予儿童优先权，将儿童纳入决策体系中。儿童友好型城市致力于为儿童提供以下基本保障：人身安全有保障，免受剥削、暴力和虐待；人生有良好的开端，健康成长，备受关怀；能获取基本服务；能享有优质、全纳、参与式的教育和技能培训；能对影响到其本人的一切事项自由发表意见并影响相关政策；能参与家庭、文化、城市/社区和社会生活；能生活在清洁、无污染、安全、有绿化空间的环境中；能与朋友见面，有地方供他们玩耍和娱乐；不论种族、宗教、收入、性别、能力，都能拥有平等的机会，等等。

关于儿童友好型社会的国际倡议，给中国的儿童事业带来了新的发展动力。那么，如何建设这样一个儿童友好型城市呢？虽然这个倡议是由联合国提出、各个城市政府承接的，但许多专业、细致的工作都需要公益慈善组织，特别是妇女儿童类机构来具体执行。

深圳市妇女儿童发展基金会是由深圳市妇联于 2016 年发起的具有独立社团法人资格的地方性公募基金会，接受深圳市妇联的指导。该基金会以"改善妇女儿童生存环境，提高妇女儿童素质，整合资源推动社会创新，促进妇女儿童事业发展"为宗旨，致力于帮扶救助贫困妇女儿童，维护妇女儿童权益，通过开展对

---

① 《中国未成年人保护发展报告蓝皮书（2022）》在京发布. https://baijiahao. baidu. com/s? id = 1749823994209232915&wfr = spider&for = pc.

② 关于推进儿童友好城市建设的指导意见. https://www. gov. cn/zhengce/zhengceku/2021 - 10/21/content_ 5643976. htm.

外交流与合作、开展妇女儿童领域课题研究、资助服务妇女儿童的公益项目来提高妇女素质，促进家庭文明和深圳儿童友好型城市的建设。

自从深圳响应号召，提出建设儿童友好型城市以来，该基金会就成为推动儿童友好型城市建设的重要抓手。因为儿童事业本就是基金会业务范围内的重要工作，现在基金会需要做的是基于《儿童权利公约》和可持续发展目标，围绕儿童生存权、发展权、受保护权及参与权，整合企业、社会组织等资源，通过项目实践、议题研究、宣传倡导等行动推动深圳儿童友好型城市创建。回溯来看，该基金会实际上做了以下几方面的工作：

一、儿童友好型城市建设模式的探索

（一）儿童友好型城市空间：深圳市母婴室项目，探索系统参与创建全过程的模式

母乳喂养倡导及母婴室建设是深圳市儿童友好型城市建设的重要民生实事项目。在市妇女儿童工作委员会、市妇联的指导和委托下，基金会联合多方发起"深圳市母婴室项目"，通过母婴室示范点建设、标准指引、评价体系出台、培训督导、社会倡导等工作，倡导母乳喂养，协助政府出台《深圳市母婴室建设标准指引（试行）》，开发母婴室地图，助推全市母婴室建设。全市到2018年已建成母婴室428间。同时，整合深圳壹基金公益基金会开展"爱幼喂"项目，并联合招商银行、建设银行、室内设计师协会、零售行业协会等企业和社会组织参与到倡导母乳喂养、建设母婴室的行列中。此外，基金会与蛇口社区基金会联合发起"蛇口无车日"的主题活动，倡导城市及社区开拓暂时性儿童玩耍空间，让儿童可以感受没有尾气污染与安全隐患的街道，鼓励家庭使用社区公共空间及绿色出行，从而推动儿童友好社区街区、步行友好社区的建设。

（二）儿童参与：大梦想家计划，搭建儿童参与城市规划设计平台

儿童参与位于联合国《儿童权利公约》、儿童友好型城市的核心地位。在城市治理中，儿童是独立主体之一，但是儿童的声音多被忽略。2018年，基金会与深圳万科集团、市规划设计研究院共同主办"大梦想家计划"，该计划聚焦儿

童与城市的关系，以培养儿童的城市主人翁意识为目标。330 名儿童在专业导师的带领下，围绕城市空间、交通安全、商业业态及环境保护四个主题，历时三个月，通过探索城市、寻找问题、分析问题、制订解决方案，并通过"童创大会"对儿童友好型城市创建建言献策。儿童提案建议包括儿童友好型公园、公共交通、商场、城中村儿童友好空间改造等内容。共有 22 万人通过网络直播关注了本次深圳市儿童盛会。该项目为全市开展儿童参与、儿童议事会等活动及项目组织提供了参考。

（三）儿童友好型城市建设的资源动员

基金会通过以下方式支持社会组织参与儿童友好型城市创建：一是拓展互联网筹款渠道，在腾讯公益、蚂蚁金服公益、新浪微公益、美团公益开通筹款渠道，联合 36 家机构，上线 70 个妇女儿童项目，涉及贫困助学、素质教育、疾病救助等，通过公开募捐资金支持社会组织助力儿童友好型城市创建；二是设立专项经费，支持社会组织开展保障儿童权益的公益项目；三是创新公益活动开展，如市女企业家商会通过慈善晚宴捐赠 100 万元用于儿童友好型城市的项目建设。

二、搭建企业参与儿童友好型城市创建的平台

在企业合作方面，基金会通过设立龙基金、卉基金、馨基金等专项基金，开展公益圆桌会、公益市集、公益挑战赛、公益捐赠等创新公益行动，号召企业践行社会责任，参与儿童友好型城市创建。2018 年，基金会与长江商学院开展公益茶话会、公益挑战赛，以"奔腾吧长江"为代表的公益嘉年华通过多元主题商场与公益挑战赛相结合的新型模式，3 小时内吸引 50 余位企业家和 3 500 名市民参与，为 4 个公益项目募集近 10 万元善款。母婴乐、艺之卉时尚集团等 30 家企业都通过资金、物资捐赠等方式加入关爱儿童、助力儿童友好型城市建设的行列中。

三、儿童友好型城市理念的公益传播

基金会还注重研究能力和传播能力的培育，其积极与联合国儿童基金会及有

关儿童友好型城市建设、认证的部门建立联系，了解认证标准及创建经验。近年来更是开展资料收集、研究并完成《儿童友好型城市国家委员会工具包》《儿童友好型城市认证流程》《儿童友好型城市倡议行动计划评估表》等文件的翻译工作，不但为深圳推动儿童友好型城市建设提供了参考借鉴，也通过这些研究成果的社会倡导与公众传播，提升了儿童友好型城市的公众知晓度及社会影响力。

此外，基金会还通过多种渠道开展儿童友好型城市的社会倡导工作：一是运营儿童友好型城市微信公众号和微博账号，将深圳儿童友好型城市的创建工作、国际儿童友好型城市的案例进行分享；二是结合国际儿童节、世界儿童日、"母乳喂养周"等开展主题倡导活动，倡导关注儿童权利及儿童友好；三是与传统纸媒及新媒体建立伙伴关系，提高儿童友好型城市的公共知晓度；四是协助市妇联开展"儿童友好电台"工作，搭建线上线下儿童交流平台，充分提供机会"让儿童发出自己的声音"，参与社会治理。通过以上形式，整合社会资源形成多层次传播矩阵，提升儿童友好型城市的公众知晓度及社会影响力。

四、具体社会服务和政策倡导的推进

除普惠型的社会保障制度外，基金会特别关注到特殊群体的权益。经过对相关状况的调研，基金会在苯丙酮尿症（PKU）方面加大了社会服务和政策倡导的力度。苯丙酮尿症是一种隐性遗传代谢病，患儿在新生儿时期如未得到及时的筛查诊断和干预治疗，健康、智力及生命将面对着严重的挑战，患儿及家庭承受着巨大的经济及心理压力。2016年8月30日，为缓解深圳市苯丙酮尿症患儿家庭的经济及精神压力，降低患儿因病致残的概率，基金会联合深圳市关爱办、市妇幼保健院在"99公益日"腾讯公益平台发起"不食人间烟火的孩子"苯丙酮尿症患儿救助项目，三天时间内筹集善款65万余元。项目通过发放特殊奶粉2 400余罐、提供药物与特食补贴、组织多场家庭亲子活动及讲座，建立PKU家庭互助网络，共为36位患儿及其家庭提供救助。并开发出《PKU的那些事儿："不食人间烟火的孩子"项目》指导手册，该手册为苯丙酮尿症患儿家庭科学育儿提供了指导，同时也为深圳市苯丙酮尿症的社会倡导工作提供了素材。

在调查研究的基础上，基金会开始关注苯丙酮尿症患儿，探索从服务供给到推动公共政策改变的模式。2019年，基金会以需求为导向，联合彩虹花公益小书房、深圳市妇女儿童发展基金会·馨基金、温馨社工及高校等机构完成《深圳市儿童参与状况调研报告》《深圳市流动儿童家庭亲子阅读状况调研报告(2017)》《深圳市青少年积极心理健康调研报告 2018》《儿童安全培训教程》。调研报告对深圳市开展有关儿童权益保障、促进儿童事业发展的项目起到参考借鉴作用。2017 年，经杨勤等 12 位人大代表共同建议，深圳市卫生计生委（现市卫健委）和市财政委共同出台了《深圳市苯丙酮尿症（PKU）患者特殊食品医疗保障项目实施方案》，根据每个孩子的年龄、病情、食量不同给予补贴。

五、儿童事业的国际交流与合作平台的搭建

儿童友好型城市虽然还是一个探索的方向，但已经有了一系列国际化标准和建设思路，同时也有很多城市已经在儿童友好方面走在了前面。为此，对国际标准和模式的学习是非常必要的，可以开拓深圳创建视野及思路。儿童友好型城市议题较新，基金会通过邀请哈佛城市规划设计专家、德国儿童友好专家、美国儿童早期发展及自然教育专家等国际专家先后来深开展主题工作坊及讲座，拓展参训人员关于儿童友好型城市建设的视野及工作思路。

也是在此过程中，基金会加强了国际交流与合作，将深圳经验带入国际舞台。出访德国、瑞士学习国际创建经验，与联合国儿童基金会、德国儿童友好型城市建设促进会等机构建立伙伴关系；出席印尼泗水举办的城市成长大会；受邀赴洛杉矶，在"城市95"专家会议上分享深圳儿童友好型城市建设经验。

总体看来，儿童友好型城市建设，不仅是儿童友好的制度环境变革的问题，更是关乎儿童生存权、发展权如何能落到实处的问题。作为中国的年轻城市，深圳的新生儿数量、小学生入学数量等关键性指标还在不断增长。而如何在新的社会经济发展条件下做好儿童权利保护工作，也成为以后许多地方的儿童权利事业的工作重点。在儿童友好型城市事业上的成就，让深圳市妇女儿童发展基金会取得了政府和社会的广泛认可，也给更大范围内的儿童权利保护提供了可资借鉴的经验。

第三节　弱有众扶：残疾人事业中的公益治理

一、中国残疾人事业状况

根据国家统计局发布数据，截至 2022 年底，中国残疾人总数为 8 591. 4 万人，其中视力残疾者 2 856. 5 万人，听力残疾者 2 173. 2 万人，肢体残疾者 1 735. 5 万人，智力残疾者 1 449. 9 万人，精神残疾者 376. 3 万人。目前申领了残疾人证的残疾人有 3 000 多万，按照国家颁布的残疾人分类分级标准，一级、二级视作重度残疾人有 1 100 多万。[①] 上述残疾人的工作生活存在诸多现实困难。

目前，公益慈善领域对残疾人事业的支持有多种形式，包括重度残疾的照护服务、残疾人生活关爱项目、残疾人辅助就业项目等。从以上中残联的数据来看，对于残疾人，特别是占残疾人数量最多的轻度残疾人士的就业辅助项目，对残疾人自立自强，通过自身的努力而改善自己的生命质量有着特别的价值。但恰恰是在这方面，由于教育水平和就业能力等方面的障碍，残疾人就业面临极大困难。据统计，目前我国共有近 1 800 万就业年龄段持证残疾人。截至 2022 年底，全国城乡持证残疾人就业规模达 905. 5 万人，[②] 即便已经将占比高达 77. 18% 的灵活就业和其他低工资岗位列入就业范围，仍有 900 万左右就业年龄段持证残疾人未实现就业。从财务状况来看，残疾人家庭人均可支配收入仅占全国平均水平的一半多，而城乡残疾人家庭人均医疗支出却分别是全国城乡平均水平的 1. 6 倍和 1. 7 倍。[③]

国家对此种情况采取了一系列立法举措，以帮助有条件的残疾人就业。《中华人民共和国残疾人保障法》对残疾人就业作了明确规定，要求各级人民政府采

---

① 中残联 2020 年统计数据。十三届全国人大五次会议第 1342 号建议及办理复文. https://www. cdpf. org. cn/ztzl/zyzt1/qglhjytafw/2022nlhjytablfwgk/qgrdjyblfw/166663e9e9d7477fb4b47ccc4284e2a3＿mobile. htm.

② 中国人民大学残疾人事业发展研究院. 残疾人事业蓝皮书：中国残疾人事业研究报告（2023）. 北京：社会科学文献出版社，2023.

③ 钟灿. 回应残疾人的迫切需要：残疾人两项补贴制度解读. 中国残疾人，2015（10）：28－29.

取优惠政策和扶持保护措施，实现残疾人多渠道、多层次、多形式就业。《中华人民共和国就业促进法》对保障残疾人的劳动权利作了规定。《残疾人就业条例》对残疾人就业方针、政府职责、用人单位责任、保障措施、就业服务及法律责任等作了详细规定。其他政策如《关于促进残疾人按比例就业的意见》《残疾人就业保障金征收使用管理办法》《关于发展残疾人辅助性就业的意见》《关于促进残疾人就业增值税优惠政策的通知》《关于促进残疾人就业政府采购政策的通知》《关于扶持残疾人自主就业创业的意见》《残疾人职业技能提升计划（2016—2020 年）》等均依法切实维护残疾人合法权益，保障残疾人平等就业。

但目前看来，残疾人就业状况的改善颇为不易。目前中国农村残疾人贫困发生率近 50%；全国有近千万残疾人依靠低保维持基本生活；城乡残疾人就业率尚不足 50%。与此同时，全国残疾人基本服务状况和需求专项调查结果显示，我国就业年龄段智力、精神和重度肢体残疾人就业状况与其他类别和等级的残疾人存在较大差距。据统计，未就业的三、四级智力、精神残疾人约有 100.2 万，一、二级重度肢体残疾人约有 154.5 万，他们中的相当一部分存在就业潜力。但现实情况是，由于身体功能障碍和社会偏见，残疾人通常在社会生活特别是就业等领域处于边缘状态。解决残疾人就业的问题不仅需要政策法律层面的扶持，更需要市场和社会层面的支持。除政府的精准扶贫和残疾人就业促进政策外，目前许多由社会力量主导或参与的残疾人就业或者辅助就业的项目，也收到了良好的效果。

二、残疾人就业的政府支持

目前，残疾人就业创业都得到了政策支持。政府有关部门相继将残疾人纳入积极的就业政策体系覆盖范围，在坚持以市场为导向的就业机制基础上，对残疾人就业创业采取优惠政策和扶持保护措施，包括税费减免、设施设备扶持、政府优先采购、信贷优惠以及资金支持、岗位补贴和社会保险补贴等。《中华人民共和国中医药法》规定，盲人按照国家有关规定取得盲人医疗按摩人员资格的，可以以个人开业的方式或者在医疗机构内提供医疗按摩服务。国家对盲人按摩的培训和就业、创业予以支持，累计培养盲人保健按摩人员超过 11 万人、盲人医疗按摩人员约 1 万人。

残疾人就业创业服务和培训广泛开展。各地将残疾人就业纳入公共服务范围，为有劳动能力和就业意愿的城乡残疾人免费提供就业创业服务，为残疾人就业和用人单位招用残疾人提供帮助。省、市、县三级政府建立了专门的残疾人就业服务机构，为残疾人提供政策咨询、求职登记、职业指导、职业介绍、职业培训等就业服务，并于元旦、春节期间举办就业援助月专项活动，集中为残疾人就业提供帮扶。截至 2018 年，全国共有残疾人就业服务机构 2 811 家，工作人员 3.4 万人。各地还实施残疾人职业技能提升计划，开展适合残疾人特点的职业培训和创业培训，组织各类残疾人职业技能竞赛，提升残疾人就业创业能力。2018 年，城乡新增残疾人实名制培训 49.4 万人，建立了 500 家国家级残疾人职业培训基地、350 家省级残疾人职业培训基地。

残疾人就业方式丰富多样。残疾人按比例就业、集中就业、自主就业创业稳定发展。近年来，政府优化公益性就业岗位开发管理，鼓励"互联网＋"就业。制定《关于发展残疾人辅助性就业的意见》，针对就业年龄段内有就业意愿但难以进入竞争性劳动力市场的智力、精神和重度肢体残疾人，安排辅助性就业，集中组织生产劳动，在劳动时间、劳动强度、劳动报酬和劳动协议签订等方面采取灵活方式。截至 2017 年，全国所有市辖区至少建立了一所残疾人辅助性就业机构。通过优惠措施帮助农村残疾人从事种植业、养殖业、手工业等生产劳动，实现就业创业。近十年来，中国残疾人就业总体规模与结构趋于稳定，新增残疾人就业人数每年保持在 30 万人以上。2018 年，城乡持证残疾人新增就业 36.7 万人，其中，城镇新增就业 11.8 万人，农村新增就业 24.9 万人。截至 2018 年，城乡持证残疾人就业人数达到 948.4 万。

三、残疾人就业的社会企业模式

1955 年出生的郑卫宁，因先天遗传重症血友病致残，13 岁之前只能坐地、爬行。在该上学的年纪又赶上了"文革"，没有办法入学。但他对于学习非常热爱，在成年后自学电大，获得了中文、法律、企业管理三个大专文凭。这时的他已经 36 岁了。如果事情仅仅是这样的话，还只是一个残疾人自强不息、自学成才的故事。但郑卫宁看到的不仅是自己的道路，还试图为千千万万同样有着残疾的人士探寻出一条自力更生的道路。在 1997 年，他和 5 名残疾人使用一台电脑，在深圳创办了一家公司，这就是后来大名鼎鼎的残友集团。

经过二十多年的发展，残友集团目前拥有超过 1 000 名的残疾员工，拥有国际知名的残疾人管理团队、残疾人软件工程师、残疾人动漫设计师等专业团队，有网站，有创意企业。目前残友集团已在深圳、北京、上海、广州、珠海、海南和港澳台地区开办了 25 家社会企业，解决了 1 162 位残疾人的高科技就业。在残友集团这个残疾人自主管理的社会企业中，那些曾经备受就业歧视的残疾人成为优秀的专业人才乃至社会企业家。

残友集团的治理模式非常独特，其下设基金会、董事会、监事会几个部门。残友集团打造的是"三位一体"的组织架构，基金会整合社会公益资源打造平台，控股社会企业残友集团及其下属遍布全国的分公司，从法律框架上掌控残友社会企业群的社会属性永恒不变，保证了残友集团作为一个整体能够始终坚持社会企业的方向。残友集团旗下的软件、电商等企业捐赠资金到基金会，基金会拨付公益项目资金到社会组织购买服务，支持残友社会组织群的标准化、专业化项目运行，而残友社会组织群又为残友社会企业群提供社企残障员工的标准化无障碍 8 小时之外的生活社区服务和社工服务，进而形成良性发展的公益生态链。这是一个闭环的内循环机制。

图 6-1　残友集团社会企业结构图（来自残友官方网站）

　　残友集团是典型的在民间基金会框架下，以商业企业模式运转，由政府参与共同治理的社会创业案例。残友集团开创了残疾人自己组织起来解决自身就业的新模式——社会企业模式，致力于促进残障人士等弱势群体的自我救助与可持续发展。如同远洋捕鱼，社会慈善提供初期起航的码头和渔船，后续残障人士自我管理驾驶渔船出海，捕鱼自养，形成造血式可持续性。

　　目前残友集团是慈善基金会、社会组织群、社会企业群的总和平台，这种社会组织和社会企业双轮驱动的社会创新模式得到广泛关注。2010 年，残友模式在全国推广，孵化了 34 家社会企业，其中社会企业群 2012 年获得英国社会企业国际社企大奖，是当时唯一的金奖。2017 年残友集团又荣获首届"中国社会创新奖"和"企业公民奖"。

　　"残友"模式的成功不仅是企业自身的成功，也是残疾人事业的成功。其成功的背景是中国将残疾人事业发展作为全面建成小康社会的重要目标，坚持政府主导与社会参与、市场推动相结合，坚持增进残疾人福祉和促进残疾人自强自立相结合，将残疾人事业纳入国家经济社会发展总体规划和国家人权行动计划，并取得了极大成效。

第七章

志愿服务：

通过公众倡导让社会生活更文明

第一节　志愿服务成为国家治理体系的组成部分

一、中国志愿服务事业的发展历程

根据联合国的定义，志愿者是指"自愿进行社会公共利益服务而不获取任何利益、金钱、名利的活动者。具体指在不为任何物质报酬的情况下，能够主动承担社会责任而不获取报酬，奉献个人时间和助人为乐实施行动的人"。① 改革开放以来，我国志愿者队伍不断壮大，已成为优化社会治理、促进社会和谐、推动文明进步的重要力量。

和志愿者的定义相符合，志愿服务指的是不以获得报酬为目的，自愿无偿帮助他人的行为活动。近年来一系列文件及法规，如《中华人民共和国慈善法》《志愿服务条例》《关于支持和发展志愿服务组织的意见》《关于公共文化设施开展学雷锋志愿服务的实施意见》的出台，使得志愿者行为更加有法可依、志愿服务水平日益提升，朝组织化、规范化、系统化方向发展。

从制度环境变化的角度来看，中国的志愿服务事业从零星、自发地出现，到被纳入治理体系，经历了四个发展阶段：

（一）自发探索阶段（1978—1993 年）

从改革开放初期到 1993 年，属于地方政府和公众自发探索阶段。中国改革开放后的大规模志愿服务行为是从南方开始的，特别是在改革开放的前沿阵地广东，青年人从香港、澳门了解到，志愿者在港澳被称为"义工"，其所从事的"义务工作"就是对社会的志愿服务，于是有了主动学习的热情。而地方政府也注意到义工在市场经济体系中的重要作用，主动邀请香港、澳门的义工组织到内地帮助进行志愿服务建设。1987 年，广州市开通全国第一条志愿者服务热线电话；1990 年，深圳市诞生全国第一个正式注册的志愿者社团——深圳市义务工

---

① 参见联合国志愿者网站（United Nations Volunteers）. https://www.unv.org/.

作者联合会；1992 年，在香港义工的直接指导下，广东省佛山市"义工团"成立。这些志愿服务组织从成立开始，就被地方政府纳入社会管理体系中，承担弘扬社会正气、建设和谐社会的使命。

与此同时，志愿服务概念的推广也推动内地许多省区市陆续诞生了不同类型的志愿组织。其中社区志愿组织发端于北方城市天津。1989 年，天津市和平区新兴街道 13 位热心服务邻里的老人在朝阳里社区成立了义务包户志愿服务小组，为有需求的居民提供帮助，这成为全国第一个社区志愿服务团体。处于自发探索阶段的志愿服务组织由青年或者其他年龄人群自发组建、自发服务，力量较为单薄、社会影响力有限，但它促进了商品经济社会中的新型友善互助风尚，为国家治理体系中的社会治理和市场治理提供了先行探索的经验。

（二）国家推动发展阶段（1993—2008 年）

从 1993 年到 2008 年，属于国家推动发展阶段。1993 年，北京准备召开世界妇女大会，面对来自全世界的妇女权益保障的 NGO，中国的组织者们发现本土的 NGO 建设与中国的经济社会发展需求不匹配。于是，大量的志愿者组织、社会工作机构、非营利组织开始在政策支持下，蓬勃地发展起来，并引发了民众对民间志愿服务的关注。其中志愿服务的发展得到了两个重要部门的推动，一是作为青年群团组织的共青团中央，二是作为社会组织"娘家"的民政部。

2004 年，为推动青年志愿服务工作发展，共青团中央主管的中国青年志愿者协会正式成立。在几年的时间内，依托各级共青团组织，建立起全国、省、市、县四级青年志愿者协会，部分地区延伸到社区、农村，建立镇（街）青年志愿服务中心和社区（农村）青年志愿服务站。同时，民政系统推动的社区志愿服务和中国红十字会推动的专业志愿服务也在发展。其中，共青团推动的青年志愿者行动，为中国普及志愿服务事业奠定了基础。

（三）志愿服务全面发展阶段（2008—2017 年）

2008 年北京奥运会之后，志愿服务进入全面发展阶段，在全社会轰轰烈烈开展的同时，也得到党和国家层面的大力支持。此前党的十六届四中全会提出"构建社会主义和谐社会"的目标，其中正式提及"志愿服务"。党的十八大报告提出"大力发展志愿服务"。在 2015 年，习近平总书记就曾在参加首都义务植树活动时肯定"志愿服务凝聚人心、增强群众主人翁精神的重要意义"。①《中共中央关于制定国民经济和社会发展第十三个五年规划的建议》中也提出,"支持慈善事业发展,广泛动员社会力量开展社会救济和社会互助、志愿服务活动"。②

在一系列政策利好下,国家及地方的"发展规划""发展战略"都将"志愿服务"写入其中。受中央和国家的委托,中央文明委统筹协调志愿服务的发展,颁发系列文件,并成立中国志愿服务联合会、中国志愿服务基金会等,民政部则成立中华志愿者协会,文化部、教育部、全国残联、全国文联等系统也陆续成立志愿者社团。

值得注意的是,也是在这个阶段,国际志愿服务得到了党和政府的重视,志愿服务走出国门,国际志愿组织间的合作被提上日程。就这样,中国志愿服务事业从纯粹民间行为,到部门推动项目,进而发展成为国家战略组成部分,引起越来越多的关注和重视。

(四)志愿服务规范发展阶段(2017 年至今)

这一阶段主要是在志愿服务全面发展、志愿者数量有了巨大增长后,国家开始进一步加强法律政策规范建设,形成了基本完备的政策制度体系。除 2017 年 6 月颁布的国务院《志愿服务条例》外,在《中华人民共和国慈善法》等慈善服务相关法规和概念中都有涉及志愿服务的内容。2023—2024 年《中华人民共和国慈善法》的修改,也包括志愿服务相关条款的补充与调整。

除人大和国务院层面的立法立规之外,各部委也出台了志愿服务活动相关政策文件。2009 年 6 月,教育部发布《关于深入推进学生志愿服务活动的意见》;2014 年 2 月,中央精神文明建设指导委员会发布《关于推进志愿服务制度化的意见》;2016 年 7 月,中共中央宣传部、中央文明办、民政部、教育部、财政部、全国总工会、共青团中央、全国妇联发布《关于支持和发展志愿服务组织的意见》;2021 年 6 月,生态环境部、中央文明办发布《关于推动生态环境志愿服务发展的指导意见》。

---

① 习近平植树 强调全国动员全民动手植树造林. (2015 – 04 – 07). https://news. hsw. cn/system/2015/0407/236693. shtml.

② 参与志愿服务,拥抱新时代社会文明之光. (2019 – 03 – 17). https://baijiahao. baidu. com/s?id = 1628224958965958228&wfr = spider&for = pc.

上述政策文件主要是针对迅速扩展的志愿服务中可能产生的问题的回应，以及将志愿服务活动和志愿者管理纳入制度化框架的努力。这些制度化、法治化的举措，让志愿服务活动在更加健全的政策体系下规范成长。

二、志愿服务的社会治理功能

截至目前，全国注册志愿者数量逾 2.32 亿人，志愿服务组织（队伍）达 135 万家，志愿项目 1 141 万个，记录志愿服务时间 53.26 亿小时。[①] 关于志愿服务在社会治理中的功能和作用，主要表现在弥补治理短板、增加服务动能、激发社会创新、协调社会关系、提升公民素养等方面，具体说来：

（一）志愿服务能够弥补社会治理的短板

社会治理是一个庞大而复杂的系统工程，需要各方共同参与。然而，由于资源分配不均、管理不到位等原因，社会治理存在着一些短板。志愿服务的介入可以填补这些短板，通过自愿参与和个人力量的结合，弥补社会治理的不足，提供更全面、更精细的服务，从而在政府、市场无法兼顾和解决问题的领域，发挥志愿服务等社会力量的作用，参与解决问题。

例如，在汶川地震发生后，80 多万志愿者积极参与灾害救援，提供应急救助和物资支持，以及必要的灾区服务工作，有效补充了政府的应急救援力量。在教育领域，针对老少边穷地区的国家教育资源相对不足问题，麦田基金会等机构积极发动志愿者投身农村支教，并为支教老师提供培训和其他教学支持，给贫困地区的教育注入新生力量。在国家大力提倡的环境保护和低碳领域，针对每个公民的环境意识增强很难通过自上而下的政府命令做到，但环保志愿者们不需要强制的压力，就可以依据自身的环保理念，主动参与植树造林、河道清洁、减碳降塑等环境保护活动，为生态环境的改善作出贡献，并通过自身行动影响公民自动自觉地参与环境治理活动，将生态保护理念传递给更多人。

志愿者主体性的发挥还激发了社会的创新和活力。积极参与社会治理的志愿

---

① 中国志愿服务网（全国志愿服务信息系统）．https://chinavolunteer.mca.gov.cn．

者们，通常具有多样化的背景和专业知识，他们的参与可以带来新的思路和方法。在开展志愿服务活动时，志愿者们常常能够发现问题，并提出创新的举措。

（二）志愿服务为公共服务增添新动能

在一些公共服务体系覆盖尚不完善的地区和领域，志愿服务可以通过自愿参与、互助互惠的方式弥补公共服务资源的不足，将公共服务延伸至更加全面广泛的范围。另外，志愿服务能够更好地满足多样化、个性化的需求。常规的公共服务通常面向广大群众，难以充分满足每个人的个性化需求。而志愿者可以根据自身特长和兴趣，提供更贴近受助者实际需求的个性化服务，使公共服务更加细致、周到。

天津市新兴街朝阳里社区是建于 20 世纪 70 年代末的老社区，住户以老年人居多。这些老人的子女不在身边，有困难或紧急的事情时，非常需要有人帮助。1989 年，13 位热心服务邻里的老人在朝阳里社区成立了义务包户志愿服务小组，为有需求的居民提供帮助。目前，新兴街累计注册志愿者 21 153 人，志愿者团队 135 个，依托"红色网格"问需于民，推动"志愿服务"回馈于民。

2009 年，新兴街被民政部确认为"全国第一个社区志愿者组织发祥地"。从送煤、送菜、送炉具的"老三送"，到送岗位、送知识、送健康的"新三送"，30 多年来志愿精神持续传承，社区将志愿服务深度融入社会治理，持续擦亮志愿服务的"招牌"。

（三）志愿服务可以促进社会和谐关系的建立

志愿者们通过自己的努力和奉献，为社会提供了各种服务，如教育支持、环境保护、扶贫帮困等。这种互助和共建的精神不仅能够改善社会环境，还能够增强社会凝聚力和向心力，促进社会的和谐稳定。

特别是在社区治理层面，志愿服务也是基层社会治理的有力推手。快节奏的现代生活中，从依附程度、面对面交往频次等方面来看，人与人的社交关系相对减弱。在参与志愿服务活动的过程中，社区居民可以结识更多志同道合的朋友，增进相互之间的信任和互助意识，有益于社区的和谐发展。

在志愿服务中，人们以自愿参与为前提，通过共同的目标和价值观，形成了一种团结和协作的关系。志愿服务为社会治理树立新风尚。与此同时，志愿服务所传递的爱心、友善、奉献精神，能够激励更多人关注社会问题，关心关爱他人。

（四）志愿服务可以培养公民意识和社会责任感

恩格斯认为，"文明是实践的事情，是社会的素质"。通过参与志愿服务，人们能够更好地了解社会问题和民生需求，增强公民意识和社会责任感。这是因为公民的社会参与不只依赖于制度的建设，更依靠公民个体的内在追求。为什么很多人热爱社区志愿服务？因为这些志愿服务在引导群众帮扶他人、服务社会的过程中，让个人体验到帮助他人的快乐和成就感，获得更多的认可和尊重，形成正反馈循环，将外在规范转化为自觉遵循，形成一种积极向上的价值观和行为模式，为全民文明素养提升激发主体活力。

志愿服务的提供者来自社会的各行各业，通过多种形式为社会提供教育、医疗、生活、环保等服务，并带动更多的社会公民参与到活动中。这个融入社会、服务社会、影响他人的过程，不仅能使参与者获得知识、技能和经验，而且能够增强参与者的主人翁意识和社会责任感，凝聚社会共识，激发社会治理新活力。

（五）国际志愿服务可以发挥全球治理和公共外交方面的作用

在逆全球化时代，全球治理遇到了新的困难。但志愿服务交流合作始终是中外交流合作的重要组成部分。目前看来，中国的国际志愿服务已经成长起来，在增进各国人民相互了解和友谊、促进国际合作与发展方面发挥了重要作用。大学生也成为国际志愿服务的生力军。

在几年前的哥本哈根环境大会上，中国的青年环保志愿者现身会场，为最终协议的达成贡献出中国视角和青年声音，令人印象深刻。2024 年 7 月 25 日，以"同志愿·共命运——加强志愿服务国际交流合作，携手构建人类命运共同体"为主题的第七届中非民间论坛国际志愿服务论坛在长沙举行，并启动"丝路心相通"国际志愿服务专项计划，整合各方资源，合力推动国际志愿服务蓬勃发展。类似的国际志愿活动的增多，说明国家已经深刻地认识到全球治理的复杂性，以及国际志愿服务合作在推进公共外交和全球治理方面日益重要的作用。

当然，志愿服务这五方面社会治理功能在不同领域、不同群体中的作用和表现形式也不尽相同。特别是在环境保护、社区治理、大学生志愿服务这三大领域中，志愿者的表现最为突出，他们通过行动所体现出来的奉献、友爱、互助、进步的志愿精神，彰显了新时代的理想信念、爱心善意、责任担当。全社会更应积极动员多个群体，探索多种形式，发挥志愿服务在社会治理层面的作用，共同建设一个和谐、稳定、繁荣的社会。

目前看来，鼓励志愿服务参与和助力社会治理，已成为一种必然趋势和普遍共识。习近平总书记 2019 年在天津考察时强调，志愿服务是社会文明进步的重要标志，是广大志愿者奉献爱心的重要渠道。志愿者们的参与不仅可以弥补社会治理的短板，促进社会的互助和共建，还能够激发社会的创新和活力，培养公民意识和社会责任感。未来，随着志愿服务管理和服务保障体系的不断健全，志愿服务与社会治理实现深度融合，将推动社会治理现代化不断迈上新台阶。

第二节　国际志愿服务与全球治理

国际志愿者最早起源于第一次世界大战之后的欧洲国家。当时战后国际社会需要重建家园，恢复生产秩序。志愿者的人道主义援助，为人类解放事业、战后重建工作作出了重要贡献。在过去的几十年时间里，志愿服务在促进全球治理方面发挥了重要作用，来自各国的志愿者越来越受到关注。1985 年 12 月 17 日，第四十届联合国大会通过决议，从 1986 年起，每年的 12 月 5 日为"国际志愿者日"。

一、国际志愿服务的发展趋势

国际志愿者需要跨越国界、民族、种族、语言、宗教背景、政治制度、意识形态、经济鸿沟等障碍而从事志愿活动。其所面临的困难比国内志愿者更大。目前看来，国际志愿服务的发展呈现出五种明显的潮流和趋势：

1. 制度化

国际志愿服务已有数十年的历史，许多国家内部建立了比较完善的志愿服务制度和体系，并在此基础上构筑了跨地区、跨国界、跨洲界的服务网络，积累了不少经验。在过去的几十年时间里，志愿服务在促进全球治理方面发挥了重要作用，尤其在消除贫困和饥饿、解决不平等、人道主义救援、环境保护和气候变化等方面，志愿者的价值和贡献越来越为人们所重视。

而许多参与国际志愿服务较早的国家，如法国、德国等国已把志愿服务与"国家服务"联系在一起了，通过制度建设让志愿服务更加规范化、法治化。不少国家的政府已把国际志愿服务纳入其社会保障体系和法律体系，从而使志愿服务成为越来越多公民的自觉行为。

在国内志愿服务体系逐渐完善的背景下，国际志愿服务在联合国等国际机构的主导下，也实现了制度化和法律体系的初步完善。特别是国际志愿服务组织如联合国志愿人员组织（UNV）、国际志愿者协会（IAVE）等在全球范围内推动志愿服务事业的发展，为各国志愿者提供了广泛的交流与合作平台，也出台了一系列标准体系和制度化规章。

2．常态化

近年来，志愿服务在多国得到越来越多的认可和推广。志愿服务发展进入常态化新阶段，参与度增高，欧美很多志愿者将志愿服务作为一种生活方式。联合国有关数据显示，全球有6.5%的劳动年龄人口参与正式志愿服务，14.3%参与非正式志愿服务。而对于非劳动年龄人口来说，青少年成长过程中志愿服务也非常重要。研究表明，志愿服务可以增加青少年的自我认知、自我效能感、社会责任感和参与度，也能提高青少年在时间管理、人际沟通等方面的技能。

3．专业化

国际志愿服务专业化水平和精细化程度不断提高，主要体现在三个方面：一是国际志愿服务过程的专业性强，一般都是通过调查研究和立项、评估等，增强其科学性、精准性和可操作性。二是参加志愿服务的人员大多具备一定的专业技能，如教学、救护等。成立于1961年的美国"和平队"为联合国认可的国际志愿者组织，其专门招募的志愿者中最多的是教师和医生，这都是当时贫困的发展中国家最为需要的专业技能人员，如20世纪60年代的埃塞俄比亚曾一次性接收了上百名来自和平队的中学老师，背景就是该国全国的中学老师也只有300多名。三是更加重视和推动现代信息技术在志愿服务中的应用。目前的国际志愿服务中，像防疟疾、防治传染病、服务艾滋病人、提供清洁饮水等领域，都应用了专为服务对象设计的最新科技成果。

4. 市场化

国际志愿服务经过数十年发展，基本上形成了与市场经济框架成熟对接的模式，具体的服务都和市场需求、社会需求及企业人群紧密结合。例如，对一些特殊主体如移民、儿童、老龄群体的服务，成为志愿服务的主要内容，并采用了市场经济的方式方法。同时，志愿服务活动也并非一味要求志愿者的付出，而是更加重视志愿者的激励回报，当然这种回报主要是在精神层面。

5. 国际化

国际志愿服务项目多是跨地区、跨国界的，志愿人员常常被派往世界各地从事一定时间的志愿服务，因而具有较大的国际影响。同时，不少国际志愿服务工作是在联合国国际志愿服务协调委员会等机构协调和指导下开展的。这就使得国际志愿服务成为促进全球可持续发展的新维度。各国普遍重视通过加强国际的沟通与合作，推动全球志愿服务事业的发展。

二、国际志愿服务的经验和启示

国际志愿服务近年来不断发展，对于国际事务的影响越来越大，各国都通过完善立法、加强管理、增加投入、强化培训等方式强化了对志愿服务的支持，也通过这些举措让志愿服务更加制度化、专业化，为志愿服务发展营造出更加良好的环境。

经验一：制度化应对大规模志愿服务浪潮的到来。

政府通过制定法律法规和政策，为志愿服务提供保障和支持，促进志愿服务的规范化和专业化。如2015年西班牙颁布《志愿者法》，将志愿服务定义为环保、社区、文化、体育、教育、国际、自然活动、灾难救助、医疗和社会服务十大类。在工作、生活之余参与丰富多样的志愿服务活动，包括国际志愿服务，已成为不少西班牙人生活的一部分。

经验二：强化对国际志愿者的教育培训。

志愿服务的成功离不开志愿者能力的提升。近年来各国都注重开展国际志愿服务培训与交流，培养具有国际视野和专业技能的志愿者。通过互派志愿者、举办国际志愿服务研讨会等方式，促进人才交流和经验分享。特别是为志愿者提供医疗、护理、信息技术等培训，提高志愿服务的专业性和质量。

经验三：鼓励志愿服务的创新举措。

各国近年来积极探索国际志愿服务的创新举措，如国际志愿信息汇总统筹平台建设、可持续发展的新科技应用、"公益＋金融"的小额贷款模式应用、"公益＋科技"的节能减排技术应用、社交媒体的志愿服务倡导等。尤其是国际志愿服务更多关注全球可持续发展议题，以模式创新、技术创新、组织创新和产品创新等形式，推动环保、减贫、教育等领域的项目落地。

经验四：建立国际志愿服务的多元化合作平台。

搭建国际化的志愿服务交流平台，可以吸引各国志愿服务组织和志愿者加入，分享经验、资源和项目，推动项目化合作。通过这些平台可以鼓励各国志愿服务组织共同发起和参与跨国志愿服务项目，围绕教育、环保、医疗等领域开展深度合作。平台还有助于建立沟通机制，确保各国志愿服务组织之间的信息交流畅通无阻，以及建立科学的评估体系，定期对志愿服务国际合作项目进行评估和反馈。通过数据分析、案例研究等方法，评估合作项目的实际效果和社会影响，为未来的合作提供决策依据。

经验五：从志愿精神的维度，强调人类命运共同体意识。

在志愿服务国际合作中，应秉承人类命运共同体理念，超越国界、种族和文化的差异，共同致力于全球社会的和谐与发展。志愿服务体现了互助与奉献的精神内核。在国际合作中，应倡导这种精神，鼓励志愿者们积极参与跨国志愿服务活动，为全球公益事业贡献力量。

治理不同于管理的重要区别，在于治理并不强调自上而下的管制权力，而是动员社会力量共同参与到社会问题的解决进程中来。全球治理也是如此。这不仅对于政府、企业、社会组织等治理主体提出了更高的要求，对于作为治理对象的民众也提出了更高的要求。而志愿服务的真正价值恰恰就在于它是民众自我提升素质、优化社会力量的重要途径。

三、中国国际志愿服务的发展方向

2008 年 8 月，北京奥运会召开，身着白衣的中国志愿者们热情洋溢，体贴服务，获得国际奥委会、亚奥理事会的赞许，各国代表团、技术官员、媒体记者、现场观众都给予了一致好评，志愿者们成为一张最闪亮的公共外交名片。从北京奥运会的高调亮相开始，中国志愿者从好人好事的层面走向更多领域、更高层次的社会治理之路。

2014年尼泊尔发生地震。作为离尼泊尔最近的邻国之一，中国的民间救灾志愿者迅速汇集起来，分头赶赴尼泊尔，成为较早赶赴灾区，并且发挥了巨大作用的救灾队伍。中国志愿者在尼泊尔的联合救灾行动给世界留下了深刻印象。

事实上，北京奥运会至今，中国的国际志愿服务早已超越赛会等临时性活动的辅助支持，从基层服务到国家战略，从国内赛事到国际活动，其参与全球治理的作用日益凸显。而当代国际志愿服务的发展也为中国志愿服务进一步参与全球治理提供新的机遇。

1. 志愿者队伍建设

中国发展良好的志愿组织多有官方色彩，需要借助政府力量开展工作，且在未来较长时间内仍然会保持这种格局。这就要求政府动员志愿者的能力和方式都需要在现有的基础上进一步优化。

例如，目前美国约有6 260万志愿者，公民志愿服务参与率近十年来一直保持在25%左右，其动员方式基本都是通过社会层面的动员。而中国的两亿志愿者中大多数为简单注册而很少参与志愿服务活动的名义志愿者。相关统计表明，公民志愿服务参与率仅为3.5%左右。如何通过政府动员＋社会动员的方式，使得这些名义志愿者成为实际志愿者，是中国志愿者队伍建设的关键环节。

从国际志愿服务的发展经验来看，志愿者队伍建设，一方面需要完善激励机制，促进参与热情，中国志愿服务这方面的经验是通过党建引领推动志愿服务高质量发展，发挥党员志愿者的先锋模范作用；另一方面要注重志愿者的专业化培训，提高志愿服务的专业性和效率，使其通过专业服务的效果显现而带动更多的志愿者参与。

2. 志愿服务体系建设

在志愿服务体系建设方面，从中央到地方，政府应建立完善的志愿服务保障和支持体系，并鼓励科技手段在志愿服务中的应用，以加强对志愿服务行动的引领和规范。如2020年4月29日，深圳市政府发布《深圳青年发展规划（2020—2025）》，积极扶持、鼓励高校志愿服务组织和大学生广泛参与国际化志愿服务活动，打造全国高校志愿服务模范和标杆，加强与港澳台志愿组织之间的交流合作，"引进来"和"走出去"相结合，开发更具国际性、更加吸引大学生的志愿服务项目。

在国内志愿服务体系完善健全的基础上，应致力于国际志愿服务合作体系的建设，其重要的内容包括：强化志愿者在国际志愿服务方面的技能和专业提升；加强与国际志愿服务组织的交流合作，分享经验，建立合作伙伴关系；加强与国际志愿机构的项目合作，取得国际志愿服务的实际效果；弘扬国际志愿精神，共同推动全球志愿服务事业的发展，等等。

3. 志愿精神的弘扬

国际志愿者强调的是世界范围内的志愿精神的弘扬，主要包括：奉献友爱、追求进步和民族特色。这些都是中国志愿服务建设过程中所需要的核心精神和价值观。

奉献精神对志愿者而言，就是要在对世界的热爱的召唤之下，把志愿活动当成一项事业来完成，从点点滴滴中寻找乐趣；努力做好每一件事，认真善待每一个人。友爱是奉献的前提，指的是志愿者之爱没有国度、民族、性别和年龄等的差别。友爱是在帮助与被帮助的过程中自然流露出的亲切的情感，是没有高低贵贱的平等之爱。

追求进步是志愿服务精神的重要组成部分。志愿者们立足现实，面向未来，践行着志愿精神，推动着社会的发展与进步。正是"进步精神"，使人们甘于付出，追求社会和谐之境的实现。

民族特色指的是本国志愿者凭借自己的双手、头脑、知识、爱心，开展有本国特色的志愿服务活动，帮助那些处于困难和危机中的人们。并以本土化的价值观唤醒人们内心的仁爱和慈善，寻求国际化和民族特色之间的有效结合。

在过去几十年的时间里，国际环境的改善和制度进步，有效地促进了中国志愿服务事业的发展，并且让中国志愿服务走向世界。包括大学生在内的普通公民，以志愿服务为最主要的形式和渠道，加入全球治理尤其是全球环境治理的过程中，除了切实提升社会治理效能外，更从制度和文化层面健全和完善了全球治理体系，将人类命运共同体的治理内涵实实在在地体现出来。

第三节　案例：深圳大学生以志愿服务参与社会治理

教育部 2015 年 3 月 16 日出台的《学生志愿服务管理暂行办法》中将学生志

愿服务定义为："学生不以获得报酬为目的，自愿奉献时间和智力、体力、技能等，帮助他人、服务社会的公益行为。"目前，大学生志愿服务已成为社会治理的重要组成部分，并发挥着越来越重要的作用。这主要得益于国家层面的重视和扶持，以及大学生志愿者群体自身能动性的发挥，给大学生志愿服务提供了政策背景和发展契机。本节试图以深圳为例，探索大学生志愿服务在公益治理中所扮演的角色和作用。

一、深圳大学生志愿服务嵌入社会治理的表现

目前深圳各个高校的大学生几乎都有参加志愿者活动的经历。并且每个高校都成立了学生志愿组织义工联。校义工联主动联络学校多个职能部门，联合开展志愿活动服务师生、建设校园。深圳大学生志愿服务活动开展种类多、涉及领域广、数量丰富。既有常态化的校内志愿服务活动，也有校外的社会影响大的大型赛事志愿服务；既有短期、临时性的活动，也有长期、稳定的活动。具体说来：

（一）深圳大学生志愿服务的体系化、常态化

在深圳大学，校义工联推进校园志愿文化建设，组织了文明出行、节能环保、公益服务、爱心传递等4类40项的校园志愿服务行动。此外，校义工联志愿者还协助服务研究生、本科生迎新，毕业典礼，校园开放日，校长教学奖颁奖典礼等多个校内活动，以及清洗空调、献血等志愿服务品牌活动。

在深圳职业技术大学，学校依托86个规模化服务基地、110个品牌项目，每年承担深圳国际马拉松、文博会、高交会、中国慈展会等大型志愿服务活动，开展志愿服务活动逾3 000次，服务总时数近160 000小时。[①]

在校外，高校志愿服务组织根据学生的兴趣爱好、专业特点开展个性化的志愿服务活动，下沉到街道、社区、党群中心。例如南方科技大学义工联协助教育基金会举办松禾马拉松活动；深圳职业技术大学与包括深圳市自闭症研究会、福永敬老院和华富街道青少年活动中心等在内的69个志愿服务基地长期合作，进

---

① 全国职业院校学生管理50强案例报告之三十一：深圳职业技术学院.（2020 – 08 – 26）. https://guangdong. eol. cn/gdzy/202008/t20200826_ 1934739. shtml.

行深圳春运志愿服务、火车站志愿服务、普法宣讲、义务文化宣传、食品药品安全宣传等志愿服务项目。

（二）深圳大学生志愿者积极参与社会治理和城市建设

深圳大学生志愿服务的一大特点是结合深圳的地方特色。深圳是一座移民城市，外来务工人员多。由于父母工作忙碌，无暇陪伴，随父母来到深圳生活的孩子成为"二次留守儿童"。为使社区儿童能够得到更好的帮助、服务和陪伴，深圳职业技术大学连续13年共计12支团队进社区开展四点半课堂，通过与周边社区的合作，为社区内儿童提供课业辅导。深圳大学持续4年举办面向"二次留守儿童"的教育类活动"城市萤火虫计划"，联动深大社区、粤桂社区、南油社区、滨海社区等社区，通过开设语数英基础课程与国学、音乐鉴赏、心理、手工等特色课程，丰富了孩子们的暑期生活，缓解孩子们假期无人陪伴的孤独。

参与社会治理是大学生培养社会责任感、回馈社会的重要途径。在志愿服务中，大学生付出自己的课余时间，发挥自己的专业技能，传播了社会正能量，在环境保护、扶孤助残、扶贫支教等领域弥补了政府和市场的不足。

（三）深圳大学生志愿者积极参与大型国际赛会服务

深圳作为国际化大都市和改革开放先行示范区，具有独特的政治和经济优势，每年承办各种各样的大型国际赛事，而深圳大学生成了服务大型赛会志愿服务的主力军和后备力量。

2011年深圳举办第26届世界大学生夏季运动会，深圳大学生志愿者超过2.6万名，主要集中在三所高校——深圳大学、深圳职业技术学院、深圳信息职业技术学院。深圳大学招募的志愿者达11 433名，深职院派出9 015名赛会志愿者。以这次大运会为契机，深圳也适时提出大力推动"志愿者之城"建设。

近年来，其他大型赛会的志愿服务包括：2017年第19届国际植物学大会在深举办，1 000名服务主会场志愿者从深圳大学定向招募，54名命名法规会议会场志愿者从北京大学深圳研究生院定向招募。其他如深圳马拉松、海峡两岸学生棒球联赛总决赛、中国杯帆船赛、第十七届中国国际人才交流大会、第二届广东省院士高峰年会、达沃斯论坛、中美青年创业与经济机遇论坛、国家杯电子竞技大赛、中欧蓝色产业合作论坛、第三届中国科幻大会、深港城市/建筑双城双年展、高交会等赛会活动，都有深圳大学生志愿者的贡献。

深圳大学生的志愿服务表现使高校义工联受到社会的广泛认可。深职院义工联曾连续 6 年被评为"深圳市先进义工组织"，2006 年机电学院"大学生服务队"获民政部"全国和谐社区建设自主创新奖"，2008 年桃源街道青年中心被共青团中央评为"全国优秀青年中心"，2018 年深职院获得团市委 2018 深圳志愿服务重大项目嘉奖。2018 年哈工大（深圳）义工联获得"2018 年深圳市志愿服务重大项目突出贡献奖"。

二、深圳大学生志愿服务参与社会治理的支持体系

有效的社会治理参与离不开政策环境层面的支持。2019 年，中共中央、国务院印发了《粤港澳大湾区发展规划纲要》和《中共中央　国务院关于支持深圳建设中国特色社会主义先行示范区的意见》。在大湾区协同发展的政策背景下，深圳因毗邻港澳和作为国家改革开放先行示范区而具有特殊的经济地位。深圳大学生志愿服务利用政策优势，与港澳台及海外志愿服务组织展开交流合作，积极参与社会治理体系并作出贡献。深圳大学生志愿服务参与社会治理有以下支持体系：

（一）党团组织在志愿服务中的引领作用

深圳大学生志愿服务的一个重要特色就是"党建 + 志愿者服务"。深圳高校也注重强化组织领导，发挥基层党组织的战斗堡垒作用，将志愿服务纳入高校顶层设计中。部分高校形成了党员、团员人人争当志愿者的风气。党员、团员注册志愿者的比例较高，志愿服务时长数较高，成为志愿者队伍的骨干力量。《深圳志愿服务发展报告（2020）》统计表明，团员和党员（含预备党员）中参加过志愿服务的群体各占 88.3% 和 87.5%，高于普通群众中参与志愿服务群体的占比。[1]

---

[1] 深圳市志愿服务基金会，深圳国际公益学院. 深圳志愿服务发展报告（2020）. 北京：社会科学文献出版社，2021.

（二）志愿者管理培训体系的支持

志愿者管理包括招募志愿者的设计规划、对志愿者的日常管理和培训，以及如何留住志愿者。大部分高校会通过讲座、论坛、公益宣传月等活动来营造校内志愿服务氛围，帮助大学生了解、接受志愿服务精神。除此之外，通过贴合高校大学生的兴趣、专业、需求来提高志愿服务活动自身的吸引力也是一个重要手段。在《深圳社会组织发展报告（2020—2021）》中提到，70.27%的志愿者更愿意参加与专业知识相关的志愿服务活动，结合志愿者在志愿服务中自我实现、自我提高的需求；64.07%的志愿者更希望参加有一定难度，需培训学习专项技能的志愿服务活动；60.46%的志愿者表示会看重志愿活动的活动内容，更愿意参与好玩或感兴趣的志愿服务活动。这些都要求高校在专业指导及资金上给予志愿服务组织更多的培训支持，志愿服务组织创新和丰富志愿服务活动内容，以提高志愿服务活动的专业化和规范化。

（三）志愿组织相互交流支持

深圳大学生志愿服务机构之间一直注重相互支持，在大学之间、大学和社会之间、大学和政府之间建立起了相互交流支持的渠道。

在校际合作方面，推动成立深圳大学生志愿服务高校联盟，定期举行高校义工联的联谊会、分享会，加强高校义工联之间的志愿服务经验交流和分享。利用不同高校专业优势特点的不同，整合深圳高校志愿服务资源，结成帮扶对子形成优势互补，跨校联动满足不同志愿服务需求。

在大学和社区关系上，深圳高校志愿服务机构积极与社区、街道、党群中心、校外志愿服务组织等展开合作。例如深圳职业技术大学打造了69个志愿服务基地，包括深圳自闭症研究会、福永敬老院和华富街道青少年活动中心等，每个志愿服务基地至少已经完成2~3年的志愿服务联系年数。与校外组织稳定合作，一方面可以开展常态化的高校志愿服务活动，放大大学生志愿服务的效果，另一方面为大学生校外活动提供了更多的实践平台。

在大学志愿服务和地方政府的关系上，深圳作为改革开放先行示范区和经济特区，具有特殊的经济和政治地位，每年承办各类大型赛事机会较多。政府应组织动员大学生服务大型赛事志愿活动，同时市团委、市义工联应为高校志愿服务组织提供更多优质的志愿服务机会，对社会上的志愿服务活动、组织进行审核筛选，为高校提供高质量、可合作的活动、组织名单，在资源对接上给予志愿服务组织更多的支持和帮助。

（四）高校志愿服务氛围的培育

一直以来，深圳高校都有意将志愿服务氛围培育作为理想信念教育的重要组成部分。南方科技大学在学雷锋纪念日（3月5日）、国际志愿者日（12月5日）组织公益宣传月和公益之夜活动，并在官方公众号上设置专栏对优秀义工代表进行宣传；深圳大学采取班团一体化的管理机制，鼓励班级团支部将志愿服务融入班级团日活动中。除获得精神和能力层面的提高外，部分同学还通过志愿服务找到了未来的职业方向。

在志愿服务激励层面，各高校推出多种奖项，鼓励大学生积极参与志愿服务活动，比如深圳职业技术大学评选的志愿服务校长奖，南方科技大学评选的十佳义工、年度公益大使等。除了精神激励外，深圳大学设置"公益之星"专项奖学金，根据不同志愿服务标准划分奖项，对应不同的奖学金额度；深圳职业技术大学制定志愿服务学时学分置换机制，将志愿服务作为学校的选修课程之一，学生可以用108个志愿服务小时置换两个学分。同时，各高校在资金、场地等方面也给予了志愿服务组织、活动方面的支持。

部分高校如深圳职业技术大学、南方科技大学等，注重加强校园志愿服务品牌建设。设计校义工联专属周边，比如校义工联吉祥物、LOGO，强化志愿理念，塑造校园志愿服务形象。校义工联也可以设计带有本校特色的志愿工作服，团结、凝聚本校志愿者。通过在工作时统一着装，大学生在志愿服务过程中更加具有使命感和归属感。

三、深圳大学生志愿服务参与社会治理存在的问题

目前看来，深圳大学生志愿服务在数量、规模和品牌建设等方面不乏亮眼之处，但若进一步探索大学生志愿服务对社会发展进步的实际作用，还只能说停留在表面层次。特别是从大学生志愿服务助力社会治理的效能来看，尚不显著，这是因为志愿服务在当前条件下还受到以下几方面的制约：

（一）认知层面存在误区和偏差

大学生对于志愿服务功能认知有其自身的服务特点，志愿服务精神已经融入高校，大学生普遍认可、了解志愿服务，对于价值观的表达呈现积极向上的态势，对志愿服务的精神内涵及功能也有自己的思考。但与此同时，志愿服务理念存在误区，也出现了滥用志愿服务的情况。

据《深圳社会组织发展报告（2020—2021）》统计，对于"志愿者是免费的劳动力"这一观点，30.59%的受访者表示"不太同意"，但仍有较大部分受访者选择"一般""比较同意"和"非常同意"。① 即部分大学生及活动举办方对志愿服务理念存在误解，存在"廉价劳动力"等错误观念。志愿服务被滥用，对于志愿者不够尊重、爱护，容易让大学生产生"被志愿"的感觉，在"尴尬服务"中对志愿服务失去激情和热爱，这是值得忧虑的现象。

（二）缺乏制度性约束和保障

现阶段，深圳市大学生志愿服务在保障层面仍缺乏相应的制度约束和保障，导致欠缺规范性。大部分高校的志愿服务信息无法与"志愿深圳"系统数据实时对接，大学生志愿服务义工时只能定期导入"志愿深圳"系统中，甚至有的高校无法导入。由于注册难，部分大学生志愿者在活动期间无法享受意外保险。大学生尚未进入社会，没有稳定收入，25.26%的志愿者表示"参与志愿服务工作有时还需要自己花钱"是影响自己进一步投入志愿服务的因素之一。②

（三）大学生志愿者受到多方面条件制约，投入不足

在《深圳社会组织发展报告（2020—2021）》所做的调研中，关于影响大学生志愿者在志愿服务上投入不足的因素，90.1%的受访者选择了"随着年级的升高，学习和工作的时间变紧"，25.26%选择了"参与志愿服务工作有时还需要自

---

① 深圳市社会组织管理局，宏略智博深圳经济咨询有限公司. 深圳社会组织发展报告（2020—2021）. 北京：社会科学文献出版社，2022.

② 深圳市社会组织管理局，宏略智博深圳经济咨询有限公司. 深圳社会组织发展报告（2020—2021）. 北京：社会科学文献出版社，2022.

己花钱"，20.82％选择了"实际参与感受与预期有差距"。① 可以看出，影响大学生志愿者进一步参与志愿服务的最大因素是学业上时间变紧。

另一方面的投入不足还表现在，大数据和"互联网＋"快速发展的今天，仍有高校还未建设校级志愿服务数字化平台，某些高校志愿服务信息平台也由于时间久远，技术受限，功能上未能满足需求。这些因素都导致志愿服务保障措施、志愿服务活动质量、志愿服务心理感受等方面的降低。

（四）部分学校的志愿者管理培训不足

志愿服务培训包括志愿服务理念、精神、文化培训，应急技能和风险防范培训，志愿服务的过程和组织管理培训，专项服务的知识和技能培训等，主要围绕的是志愿服务精神和能力两个方面。志愿服务培训一方面使志愿者更好地了解和认同以"奉献、友爱、互助、进步"为核心宗旨的志愿服务精神，另一方面通过提供相关能力培训来保障志愿服务安全、顺利地进行。

部分高校会通过深圳市义工联或学校自行设计和提供培训课程内容，例如深圳职业技术大学按照《深职院志愿服务培训方案》，每学年对新注册志愿者开展《志愿服务理念与心态》《志愿服务的文明礼仪》《活动的策划与宣传》《团队的建设与管理》和《医学救护》5 个模块 6 个学时的通用培训，但总体看来，缺少针对大学生志愿者的常态培训，规模较小的志愿服务活动也难以稳定提供培训。缺乏专项技能培训，会导致志愿服务保障措施不足，缺乏规范，难以发展。

目前看来，大学生志愿服务在相关部门指引下，在志愿服务机构协同努力下，已经取得了在志愿服务和社会志愿精神倡导两方面的成就。这对于形成社会治理新主体、达成社会治理效果，起着积极的作用。但仍有许多保障体系方面的短板制约着大学生志愿服务参与社会治理，亟须制度层面的持续优化。

---

① 深圳市社会组织管理局，宏略智博深圳经济咨询有限公司. 深圳社会组织发展报告（2020—2021）. 北京：社会科学文献出版社，2022.

第八章

环境治理：
环保组织如何嵌入社会治理

中国政府对于环境问题的重视，随着中国经济社会发展而不断得到加强。特别是在党的十八大之后，中国政府将双碳目标提到了前所未有的高度。在实现环境目标的过程中，中国的环境治理结构不断变化，环境治理的方式方法也不断更新，其针对性地解决环境问题的努力日益取得了实践中的成就。

第一节　环境问题为何难以治理

一、环境问题重点转移

过去十几年以来，中国环境治理的焦点正在从环境污染转向气候变化。在这个过程中，政府层面的各种治理举措发挥了核心的作用。

2006—2016 年，随着中国经济的快速发展，环境污染问题日益突出，环保部几乎每年都要掀起一场环评风暴，对于上马的大型项目在污染问题上给予严格要求，甚至进行一票否决。

当 2012 年北京 $PM_{2.5}$ 水平爆表时，环保部、交通部、北京市政府集中出台文件法规，集中整治，并借大型国际会议的机会，突击整治城市周边的污染工厂，还市民以蓝天。

2014 年，中国政府决定对由于煤炭燃烧而造成的大气污染宣战，其举措包括关闭小煤矿，限制煤炭消费，甚至关闭了相当于整个澳大利亚电力总量的煤炭发电厂。还在诸如水能、风能和太阳能等清洁和可再生能源上做了大举投入，这种转变的速度和规模非常惊人。

这些举措当然造成了曾经在中国富豪榜上兴盛一时的"煤老板"的集体退场，但中国在清洁能源上的努力确实在产生成效，不仅减少空气污染，也对全球气候变化带来积极影响。实际上，过去的十年间，中国推动《巴黎协定》的达成、签署、生效和实施，开展应对气候变化南南合作，宣布并坚定地推动碳达峰、碳中和，成功举办生物多样性第十五次缔约方大会第一阶段的会议，成立昆明生物多样性基金，支持发展中国家生物多样性的保护事业。作为世界上碳排放量最大的国家，上述举措不过是中国应对气候变化众多举措中的一部分而已。

2020 年 9 月，中国明确提出二氧化碳排放力争于 2030 年前达到峰值，努力争取 2060 年前实现碳中和的目标。深入贯彻新发展理念，加快构建新发展格局，推动高质量发展，创造高品质生活，都对加强生态文明建设、加快推动绿色低碳发展提出了新的要求。党的十九届五中全会将"生态文明建设实现新进步"作为"十四五"时期经济社会发展主要目标之一，开启经济社会全面向绿色低碳转型的格局。《关于构建现代环境治理体系的指导意见》的发布实施标志着我国以生态文明制度体系建设为代表的生态环境治理现代化进程进入了一个新的发展阶段。

目前对环境问题的关注重点已经从污染防治转向"双碳"目标的实现，但原有的环境污染并未得到根本解决，眼下又开始叠加气候变化的影响，于是中国出现了三种环境问题：环境污染问题、气候变化问题、环境污染叠加气候变化的问题。这种现实层面的环境污染问题的复杂化，不但对政策层面产生影响，也给东部和西部、城市和农村的广大地区都带来了不容忽视的认知层面的变化，对新的环境治理结构提出了更高要求。

二、环境污染问题：三江源为何频频告急？

据央视《经济半小时》栏目 2009 年报道，因气候变暖，近 30 年来三江源冰川退缩的速度已达到过去 300 年的 10 倍。被称为"中华水塔"的三江源地区补给着长江总水量的 25%、黄河总水量的 49% 和澜沧江总水量的 15%，冰川消融过快、水源地沙化等情况将直接威胁到整个中国中东部的水资源供给和生态环境。

三江源地区生态环境告急只是一个信号，体现了在经济发展的大环境下，部分生态环境被牺牲的现实。实际上节目中没有提到的是，自从 20 世纪 50 年代以来，三江源地区的人口翻了一番，同时也带来牲口数量的大幅度增加，像玛多县的牛羊一度达到 80 多万头。但问题是，草地承受能力是有限的，玛多县的牛羊数量曾降低到原来的 1/4。存栏减少主要是因为生态条件恶化和草场承载力的下降。当牧民生活质量因此而下降时，最终连经济发展的成果也失去了，并要用额外的大笔资金来修复受损的生态环境。2005 年，我国启动了三江源自然保护区工程，投资总额高达 75 亿元，进行了一系列艰辛探索。

经济发展与环境保护不能两全，直到今天人类才开始正视这个问题，如新能源替代等解决方式纷纷被提上日程。不过话说回来，这种问题是无法完全通过技术手段解决的。如甘地所言，"地球能满足人类的需要，但满足不了人类的贪婪"。改变这种贪婪的唯一方法是用另外一种观念去替代它。产生环保意识和对国家的归属感最有效的方法，是创造机会让公民参与维护环境的社会运动。如：在环境决策中让公众参与进来，给他们充分的自由发表自己的意见和见解；使公众主人翁的作用得以发挥，使其具有更多的责任感；运用法律的手段保护自身环境权益，给造成环境污染和破坏者压力；让公众在消费中学会选择"绿色产品"等。一次保护环境运动的教育意义胜过 100 次的说教。事实也证明，牧民的参与是三江源地区生态保护取得阶段性成效的主要原因。同样的事情发生在内蒙古阿拉善地区，那里沙漠治理活动的主要内容就是牧民的参与以及协商牧养数量和比例，牧民自治、真正的基层民主成为生态保护不可或缺的一环。

此外，公共参与可以在更广阔的环保领域发挥作用，如城市环境治理、环保宣传等方面，毕竟环境恶化的后果大多是要普通民众来承担的。但恰恰是在公众参与方面，地方政府面临尴尬的局面。一些宣传表示公众对环保不够重视，但等到公众真的关心环保了，地方政府反而紧张起来。

人是环境与教育的产物，要使人们的环保意识转化为行动，使不良生活方式改变为环保的生活方式，需要制度、法律的进步和执政观念的转变。只有在这些前提下，公众的环保参与才不仅仅局限于自身环境习惯的改变，而是会形成强大社会舆论压力，对个人、企业和政府破坏环境的行为构成威慑力，进而改变国家的发展方式。

三、气候变化问题：解决环境问题的公共产品何在

近年来，气候变化对于国家和社会发展的冲击愈加明显。如南极冰山融化、北冰洋洋面扩大、森林大火、油轮泄漏污染海洋、大气和水体污染等，都显示出气候变化对人类的影响并非未来才会发生的事情，也不是变化超过临界点才会产生，而是已经在影响人类的生活甚至生存。

但在一系列应对国际气候变化的会议上，各国之间经常无法就气候变化的应对政策达成共识。发达国家提出的减排方案令人失望并受到抨击；欧盟劝告发展中国家现有的工业发展道路将恶化环境；一些国家拒绝牺牲经济增长来换取环保

长效，更开始指责发达国家在环保问题上的历史责任。最后往往会达成一个类似"我们知道问题很严重，我们也知道怎么办，但是我们暂时还不会这么办"的共识，对解决气候变化问题的价值有限。

如此的争执所体现的是一种公共产品的悲剧。即对于那些公有或者共有的产品，如国有企业、公用设施等，人们往往倾向于从中获得最大的好处，但不会珍惜地使用。这种情况其来有自，亚里士多德时代就有"凡是属于最多数人的公共事务常常是最少受人照顾的事务，人们关怀着自己的所有，而忽视公共的事务；对于公共的一切，他至多只留心到其中对他个人多少有些相关的事务"的说法。环境就是这样一种资源：可以被任何人享有，却不被任何人拥有。这样的资源是容易被过度使用甚至滥用的。

从技术上讲，发达国家对全球变暖负有更大的责任，并应向发展中国家提供减排的资金技术支持，这是确定无疑的。但问题是，哥本哈根会议已经证明：建立一个公平分配各国环境责任的协商机制，恐怕比技术上解决环境问题的难度也小不到哪去。在哥本哈根会议上，所谓环境责任的分配已经变成了一个各国政治家攀比的过程：当各国斤斤计较于彼此责任担负和环境义务的多寡时，这种政治互动就变成了一个劣币淘汰良币的机制。结果就是各国都不会减排。就连以往在环境问题上最积极的欧盟也开始在原有的立场上后退，无非是觉得在美国等排放大国不担负更多义务的情况下，自己原来单方面大量减排以及主动担负国际责任的做法有点"冤大头"的感觉。

对环境利益的强调凸显了人类最古老的弱点——集体非理性的思考方式和行为方式。即在单个人的情形下可以做出的理性抉择，在多主体参与的时候就变得非理性了。国际贸易就曾经面临过这种以国家利益为借口的公共产品危机——大家明知道如果每个国家都实行贸易保护主义的话必然会造成经济灾难，但还是义无反顾地纷纷提高了关税，结果就是 1929 年经济大萧条。每个国家追求最大化利益的"理性行为"却导致公共利益受损。这一幕如今在哥本哈根也在上演。环境问题其实就像当初的贸易保护主义一样，看似各国各自合理保护自己国家利益的讨价还价的政策，最终却有可能使得每个国家都难以逃脱灭顶之灾。

迄今为止解决公共产品悲剧的方式有两种，一是将公共产品转化为私有产品，明确其产权归属，这样的话所有者对自己所拥有的物品必会精心保护。这样转化的成效只要看一下中国因私有产权的放开而获得了持续的经济增长动力，以及美国每家每户都把自家的花园打扫得干干净净，就能了解个差不多。二是建立针对公共产品的组织安排和长效规则，换句话说就是设置一些准政府组织和法律去监管它。关税及贸易总协定（GATT）、世界贸易组织（WTO）、国际货币基金组织（IMF）成立的目的就是解决国际贸易和国际金融领域的无政府状态和公共产品悲剧，事实上它们发挥的作用确实不小，类似 1929 年的经济灾难和各国之间的恶性互动没有再发生过。今天的哥本哈根会议也要在环境问题上达到这样一个"体制化"的效果。

但问题是，这些措施不是无缘无故出台的。如果没有强大的动力的话，政治家们是不会主动做出这种选择的。自由贸易体系的建立得益于战后国际经济结构的极度不平衡，经济上最强大的国家推动自由贸易体系无人能够反对，美国主动承担国际经济义务，其他大国的合作等因素。这些条件在哥本哈根会议上都不具备，不要说美国等排放大户的态度极度消极，其他大国在排放问题上也变得越来越"带有前提条件"，强调其他国家的义务。唯一值得欣慰的是，全球公民力量的成长迅速，会场内外的示威人群、传媒上传递出的普通人的焦虑，证明公民社会正在寻求发挥更积极的作用。当然，这对政治家们会产生一定影响，但仍不是决定性的。

同时历史给我们最主要的教训是：贸易保护主义的退潮不是因为政治家和商人们在一夜之间变得更聪明了，而是因为整个世界为此付出了惨痛的代价，包括大萧条、"二战"，贫困、战争、大规模死亡使得每个国家为此深深反思，并在大国的主持下建立新的国际体系以免除此种灾难性的后果，布雷顿森林体系、GATT、世界银行都是为这一自由贸易体系而建立的，并因此有效地调节了世界范围内的贸易争端，遏制了有可能导致经济灾难的贸易保护主义。

人类总是通过痛苦的经历来获得成长，但环境问题却不能像贸易问题一样，指望人类在付出代价后改弦更张。原因很简单——我们付不起这个代价，很多环境因素是不可逆的，一旦破坏便永远无法恢复。环境问题是不可能给人类一个重来一次的机会的，我们必须在环境没有恶化到无法调节的程度前达成协议。

四、环境污染叠加气候变化："水资源管理改革"的效益与局限

在过去十几年间，政策的关注焦点有从环境污染向气候变化转移的趋势。但

在目前中国乃至世界的环境问题集中表现为环境污染叠加气候变化。最典型的案例就是严重的缺水问题，特别是水质性缺水，一直困扰着中国的一些经济发达地区。2024 年 6 月，水利部发布了 2023 年《中国水资源公报》。公报显示，全国水资源总量为 25 782.5 亿立方米，比多年平均值偏少 6.6%。[①] 而在 2021 年的国家发展改革委新闻发布会上，新闻发言人孟玮表示，我国人均水资源占有量不到世界平均水平的四分之一，全国年缺水约 500 亿立方米。[②] 同时国内的水资源分布不均，一些河流间歇性断流或常年断流的情况时有发生；但最严重的问题还是水污染、水生态系统失衡所导致的水质性缺水。工业废水、污水排放量的增长，农业生产中化肥和农药的过量使用，都污染了水环境，目前全国监测评价的湖泊中有许多处于富营养化状态，即水质不利于人类健康。从长江经济带水体污染情况来看，2017 年，长江流域废污水排放总量为 346.7 亿吨，与上年度同比增加了 7.9 亿吨，其中生活污水 151.2 亿吨，占 56.4%，水质性缺水问题是长江经济带现在及未来发展面临的严峻挑战。

以上情况表明，对日益短缺的宝贵水资源，必须进行计划管理，不能任由水资源的无序使用。但如何进行这样的管理和分配，在全国都是个难题。《广东省东江西江北江韩江流域水资源管理条例》对此给出了一个很好的解决思路。但也必须承认，这种管理和改革办法，其中隐含了更深层的问题，而这些问题又绝非仅仅属于广东一省。

作为南方的湿润地区，广东的降水非常丰沛，境内江河的流量也很大，历史上本不存在缺水的问题。2022 年广东水利厅厅长王立新表示，广东虽然处于多水多雨的地区，但是也存在空间和时间分布不均衡的问题。时间不均衡方面，下雨主要是集中在 4—10 月；空间不均衡方面，广东全省年平均降水 1 771 毫米，降雨量大的地区高达 2 600 毫米，小的地区是 1 300 毫米，差了整整一倍。另外，广东还存在水质性的缺水问题，就是有水但不能喝。近年来，粤东、粤西资源性缺水，粤北工程性缺水，珠三角水质性缺水等问题较为突出，急需优化水资源配

---

①　2023 年《中国水资源公报》发布.［2024 - 08 - 26］. http://nsbd. mwr. cn/zx/zxdt/202406/t20240617_ 1752211. html.

②　彭瑶. 中国发布丨全国年缺水约 500 亿立方米　国家发改委：淡化海水　推进污水资源化利用. http://news. china. com. cn/txt/2021 - 06/17/content_ 77573587. htm.

置格局。①

而自 2008 年 9 月广东省公布《广东省东江西江北江韩江流域水资源管理条例》以来，广东省公布的系列政府文件，其主旨都是要求开展流域水量分配，优化调度水资源，实施用水总量控制，加强取水许可管理；同时还要开展必要的生态补偿，试图建立实施流域综合管理的模式等。这些无疑都是走在了正确的道路上，其效果也显而易见。如《广东省东江流域水资源分配方案》锁定东江年最大取水量为 106.64 亿立方米，并将这一总指标分解给河源、惠州、东莞以及广深港等八个城市，对它们实行定量取水和总量控制。这样的举措将细化各城市对东江水资源相应的权利和义务。如此一来，节水的压力直接传递到相关地区的政府、企事业单位和居民，无须作更多宣传就可改变其不良用水习惯。水资源确权后，河源等水源地地区可望通过水交易而获得必要的经济补偿，而缓解目前由于珠三角地区转移工业企业到周边地区所带来的生态破坏。不过，需要指出的是，在现有的条件下推进这些治水良政，仍需面临许多不能忽视的问题和障碍：

首先，整体的制度法律环境尚未建立之前，单纯通过政策文件所进行的生态补偿效果有限。要想使生态补偿发挥效用，就需要用基本制度来确立一系列的框架，以解决四个最核心的问题：第一，谁应该受到补偿？第二，谁进行补偿？第三，补偿多少？第四，如何补偿？如果这四个前提性条件缺失的话，生态补偿的效果就会大打折扣。前两个条件涉及补偿支付者和补偿接受者的资格权利界定，特别是补偿接受者——应受到补偿的是政府还是当地人民？如何明晰生态资源的产权所有者？这些都是重要的问题。生态补偿本是为区域平衡和社会公平制定生态补偿制度，使受益地区对受损地区、发达地区对保护地区、高消耗的富裕人群对低消耗的贫困人群给予利益补偿，是一种使外部成本内部化的环境经济手段。像四川青城山从门票收入中划出 30% 补偿护林人，便取得过保护青城山的成功。而我们看到的"水权改革"方面的文件补偿更多的是针对地方政府而非具体的个人，这可能导致补偿不能完全到位，同时也隐含了下一个问题。

其次，政绩评价体系不改变，则破坏生态求发展的政府选择永远也不会消失。应该说，许多上游的城市为了保护水源而在经济发展上付出了很大的牺牲，至今有些地方还处在欠发达的境地，但这基本上是以前的情况了。这几年，在清

---

① 广东：加快构建"五纵五横"水资源配置骨干网. 广州日报，2022 - 11 - 29.

远和更西部的河源，和平、东源、紫金和连平等欠发达地区在经济上获得大发展，与此伴随的是工业区开始建立、大片生态林被砍伐、大量矿场被开采，生态问题层出不穷。

政府为了让这些城市回归保护本地生态的道路上来，确定对于上游因保护水源而在经济上做出牺牲的城市，下游经济发达地区应给予一定补偿。但问题是，上游城市从交易中获得一笔收入后，真的就愿意限制经济发展速度，把环保放在第一位吗？在这里，经济本位观念以及不严格的环境执法才是关键，而不是因为地方上没有得到足够的生态补偿。也就是说，这些地方环境的破坏原本就是因为干部评价机制和错误的政绩观，而导致环保不力、河流水质遭到严重破坏。现在的政策法规只是增加了经济补偿，并没有从根本上改变造成水污染的制度因素，当然也就不能从根本上解决问题。多给钱并不能解决问题，甚至会引发其他方面的矛盾。只要以经济为本位的发展观念没有改变，一味想靠经济补偿的办法来换取上游地区对环保的重视是很难做到的。

最后，在补偿强度和补偿渠道的问题上，部门利益化使得生态补偿走样，出现流域生态补偿资金不到位、流域生态补偿权利主体和义务主体错位、流域生态补偿市场缺失以及流域生态多头管理的弊端。比如，大家都在用水并从中受益，如生态保护减少了水土流失使农民受益；风景区生态水平得到提升，旅游部门受益；河流通畅、货运增加，航运部门受益，为什么只要工业或者水电部门来付费？而在接受生态补偿的一方，由于政策措施推行的部门化，收上来的钱也不见得用在生态保护上。同时，部门利益化隐含的另外一个风险在于利益纷争。20世纪90年代，美国就由于经费问题发生了几起"水权案"，科罗拉多州、加利福尼亚州、爱达荷州、内华达州等地为水利使用机会而冲突不断。

所以，不管在广东还是在全国范围内，要想使水权分配、水权交易真正能够发挥生态补偿的效应，在基本的制度和法律环境的建设上必须更加完善，如彻底改变干部政绩评价体制，抛弃单一的经济指标评价；理顺部门之间的关系；明晰产权，将产权保护和生态补偿下达到个人；放开公众参与和监督等。在这些制度框架建立的前提下，才能运用政府调节和市场机制进行水权分配和交易；也是在这些制度框架下，才能从总体上合理规划，使得水权分配和交易真正起到保护生态环境的作用。

水资源问题集中体现了中国环境问题的肇因，从客观方面来看，是社会利益结构的失衡即环境保护的举措会直接触动部分利益群体的利益。水资源的分配困难背后，是社会利益博弈的复杂性。

美国在工业化后期的 20 世纪 80 年代曾遭遇过普遍而严重的污染。不过，环境污染对不同人群的影响却大不一样：与上层阶级和中产阶级相比，贫穷社区和有色人种在土地、水和空气等环境资源方面的获益更少，却要承受更多的环境代价和健康风险，其工作和生活环境不断恶化。基于这样的认知，美国一些学者如 Bryant、Hofrichter 等提出环境正义的概念，探讨如何在不同的地区和人群间达至环境资源分享和环境代价承担的公平。在这一时期，实现环境正义的主要方式即是环境运动。

所以我们可以理解，环境运动的背后具有丰富的内涵，即环境不只是单纯的自然环境，而且蕴含着复杂的社会政治经济内涵。人与环境的关系深刻影响了人与人之间的关系——唯有人类社会以友善的态度和可持续经营的方式对待大自然，人类社会之间的不平等才有可能获得改善。反过来，人与人之间的关系也必然影响到人与环境的关系——在不同地区和人群中，环境利益的享有和环境代价的分布并不匹配的现象严重存在。对此问题的解释往往会归结为既得利益集团的行为选择。即在污染项目中，少数利益集团赚取了巨额的利润，而将环境污染的代价转移给普通人去承受，从而破坏了环境正义。这就需要从体系化和结构性的角度去强化环境治理。环境正义的缺失，往往来自治理的缺位。而实现环境正义的关键，也在于环境治理的政策内容完善与实践执行部分的改进。

不过，相比利益博弈更重要的，则是制度设计的逆向激励：从制度的角度来看，制度的逆向激励导致破坏环境的行为不但不需要付出代价，反而能够获得经济上的好处；而环境保护主体的生存和行动则受到严厉限制，甚至因保护行为而受到损害。在党的十八大之前，导致环境污染和气候变化问题受到忽视的制度设计缺陷有两个：一是在以往片面追求经济效益的发展思路指引下，地方政府成为经济政绩主体、与企业形成利益关联，各地的环境保护局仍隶属于地方政府，中央政府和环保部难以执行环境正义。二是司法体制和环境法律缺陷导致对环境制度化的监督缺位。例如，2014 年修订的《环境保护法》试图掀起新一轮的环保风暴，但问题是其对环保主体的限制仍一如既往，对于诉讼主体有着严格的限制，使得公众和环境组织参与诉讼几乎不可能，司法正义难以实现。同时，在现有的法律框架下，环保组织的缺位，也与市场化的私有产权保护机制尚未完善有关，即在"公地悲剧"的逻辑下，人们并无动力保护并非自己私有的公共环境。

关于环境治理的政策和制度完善更加需要整体治理环境的改善。在任何现代社会中，一项持久的政策必定来自有组织的社会力量的支持，即把"社会呼吁"变成一种组织性、持续性的压力，并在此基础上形成环保组织、新闻媒体、地方政府、环保部门之间的良性博弈，如此，相关的社会规则才有可能被制定及实施。

这样看来，中国的环保事业目前面临的最大问题，不在于阻力过大，而是动力太小，公共利益集团过少。中国的环保事业必须依靠政府，但不能总是依赖政府，还必须进行社会力量的动员，特别是引导环境社会组织成为政府实现环境目标的有效助力。

说到底，环境正义不可能自动实现，它需要某种制度安排。而制度的逆向激励不仅会导致环境资源分配不公，还会带来现实中环境冲突的激化。现实的环境问题的复杂化，也呼唤着新的环境治理体系的出台。

第二节 环境的社会治理体系建设

一、对环境治理体系更新的需求

环境污染叠加气候变化，带来了环境治理方面的真正难题，而要解决这个难题，就需要建立新的环境治理体系，动员更多的环保主体和公共利益集团，去完成污染防治和"双碳"目标的双重任务。

虽然"计划减排"等环保方式是最简单的减排手段，但这些较着眼于短期效果的行为其实效果有限，甚至会在某种程度上降低环保效率，并导致原有环境治理体系遭遇困境。

以碳排放减量为例，关于碳减排的"五年规划"仍然体现出经济发展指标由政府规定、经济战略由政府来设计，主要是由国有企业抗减碳指标等传统计划经济的特征。而在许多地方政府那里，"五年规划"里进一步落实环保减排的内容，仍然主要是通过减排指标由政府发布、减排方式由政府规定、为减排而关停企业等做法，也可称得上是"计划减排"或"计划环保"。

其实在过去的几年，"计划环保"的效果还是不错的。特别是很多地方将污染减排纳入区县绩效评价指标体系之后，单位 GDP 能耗开始逐渐降低。但作为计划环保面临的一个主要困难就是，计划的合理性在事前是无法验证的。在实际的经济生活中，各种资源配置是否达到最优、生产能力和社会需求能否匹配，都是计划经济曾经面临的难题，这也是计划经济被市场经济取代的理由。

同样的原理也适用于"计划环保"——在政府完全控制环保事业的情况下，信息不对称更为严重。此前在"十一五规划"中，原有的高能耗高排放产业被大部分保留，并为此规定了经济发展和 GDP 增长目标；而在这种情况下又安排了减排目标。这种规划存在自相矛盾的部分。所谓突然之间"停产限电"的减排举措，实质是"政府环保，企业埋单"。即以往的环保教训之一就是，自上而下的环保高压政策容易让更多的企业为政策层面的变化付出代价。

如果按照市场经济的理论来理解环保效率的话，能够达到环保和经济发展最优组合的策略应该是引入市场定价的监督机制。即通过多个市场主体和环境主体（或其代表）之间的博弈，得出具体的环境污染和碳排放等的价格，使得造成环境污染或排放的主体付出适合的代价。缺乏市场定价和分散决策，在理论上就显然难以达到效率上的帕累托最优。在这里，必须承认"计划环保"所取得的巨大成就，但也需要认识到，将环保事业过度依赖于权力高度集中下的政策驱动，从长远来看也必然影响环保的效率。

二、环境治理主体需要多元化

"计划环保"带来的另外一个后果是环保投资主体和决策者单一化。我国的环保投资这几年不断增加，但是相对于环保企业本身的高速发展，环保投资所取得的治污效果欠佳。政府投资或主导的环保产业如何能够发挥比市场化投资更大的效率？这在实践中是一个难题。

同时，部分地区环保部门和计划部门在减排指标等方面对企业待遇不一也加剧了这个问题。一些地方深陷腐败泥潭后，在某些掺杂了官员个人私利的决策中，该淘汰关停的产业并没有淘汰，经济结构并没有得到改善。从这些事例反映出来的悖论就是："计划减排"致命的弱点是单纯依靠政策驱动，而这种驱动有时又未必可靠。

此外，与政府权力集中相对应的是，政府机构的执行力偏软。政府特别是地方政府因同时承担了经济发展和环境保护两项任务而有时会陷入两难境地。所以，虽然国务院和环保部门制定了一系列法律法规，结果却是执行率与惩罚力度有欠缺。环保权力被集中到政府手中，但又无法严格执法，造成环保事业的权力真空和环保效率的降低。

这就可以理解为何一些地方政府在没有找到可持续减排的路径下，为完成既定环保目标，不得不一再拉闸限产。这样做，确实可以在短期取得效果，但牺牲了企业利益和经济发展的动能，绝非长远之计。所以，在限电限产之外，中国更需要的是寻找出一条制度性地转变增长方式、实现节能减排的合理路径，寻找到经济发展和环保减排之间的平衡点。这需要在以下几个方面做出努力：

首先，政府应在产权改革和市场环境等方面改变企业的长期环境，为环保执法创造基础性条件。例如，产权的明晰化不但是建立规范的市场经济，同时也是建立有效环保体制的基础性条件。在产权清晰的基础上，环保违规后惩罚的对象是明确的。

其次，依法而不是依令治理环境。法律相比政令来说，更适合于长效机制的建立。如果法律完善，那么政府可通过法律途径起诉相关企业，而不是直接拉闸限电。在尊重法律而不是政令的基础上增强法院和政府执法机构的执行能力，才有长远的效果。

再次，通过调整财税结构来改变高能耗、高排放、高污染的产业结构。普遍降低企业税收可以增加企业收入、降低其通过破坏环境获利的动力。而对特定产业降低税收更可以鼓励高科技、低耗能、低排放的企业发展，推广节能技术应用，以环保产业的发展间接推动节能减排进程。为持续减排，政府应该直接鼓励产业自然升级，但这个过程应以企业而非政府本身为主导。

最后，政府要主动与环保 NGO、国际 NGO 以及公民社会合作，推动环境治理主体的多元化，并在多元治理的基础上建立环境分散决策机制，以快速应对环境领域的变化。在此过程中，来自环境社会组织和公众的参与监督极为必要。

从理论上说，单纯的行政手段或单纯的市场手段都难以解决环保问题。"计划减排""计划环保"的效率，既不足以应对中国不断增长的环境压力，也不能够充分获得污染削减和自然保护所带来的潜在经济收益。要实现减排效率的提高和更广泛的环境目标，中国政府当下最需要做的是调整环保思路，从"政府计划型环保"转变为"公众参与型环保"和"产业演进型环保",通过分散决策机制的建立来提高减排效率。

三、现代环境治理体系的建立

环境要素的复杂性、生态系统的完整性、自然地理单元的连续性、经济社会发展的可持续性,从系统工程和全局角度寻求生态环境治理之道。《关于构建现代环境治理体系的指导意见》明确提出了现代环境治理体系的顶层设计,即"党委领导、政府主导、企业主体、社会组织和公众共同参与"。政府、企业、社会组织和公众作为社会运作的核心主体,在环境治理中担负着不可或缺的责任,也有着不可相互替代的功能。

党的十八大以来,党和国家更加重视环境污染和气候变化问题的综合解决。从解决突出生态环境问题入手,注重点面结合、标本兼治,持续深入打好蓝天、碧水、净土保卫战,推动生态环境质量明显改善。坚持统筹山水林田湖草沙一体化保护和系统治理,着力解决头痛医头、脚痛医脚,各管一摊、相互掣肘的问题,在多重目标中寻求发力点、平衡点和增长点,推动生态环境治理水平和效能显著提高。

中央生态环境保护督察切切实实压实了党委和地方政府的责任,明确了地方各级党委和政府主要领导是本行政区域生态环境保护的第一责任人。同时"一岗双责"等设计,也推动了政府治理和社会调节、企业自治良性互动。

2014年修订的《环境保护法》引入了生态文明的理念,明确了生态环境保护是基本国策,完善了政府对环境监督管理的责任,设立了信息公开和公众参与专门的一章,但在具体执行中,并不能直接把党作为统筹的主体。需要将政府、企业、社会三个主体的责任真正落实。

"双碳"目标下采取的一系列行动,不是单纯应对气候变化,而是降碳与污染治理、环境改善协同推进。在此背景下,中国经济增长逻辑发生深刻改变,迈上一条"降碳减污扩绿增长"协同推进之路。在此背景下,企业作为经济发展和环境污染的双重主体,目前也对于环境质量的提升有了直接的需求。

而在现有的投资格局中,一个地区的环境资源、环境质量、环境设施与服务、绿色发展支持是吸引企业投资的重要考虑因素。实际上,企业的环境社会责任的承担有着更大的价值和意义。在国际上那些生命力长久的公司，除了能够生产出满足社会需求的产品，使企业业务增长、利润增加外，还有对社会的一种责任，使得他们赢得社会的尊敬，这种社会责任是其竞争力很重要的部分。

除了党委、政府、企业之外，其他的环境治理主体，如环境社会组织以及公众作为一种宽泛主体，在现有的治理体系中，特别是在某些特定的、需要公众参与的领域，也在发挥越来越重要的作用。如在 2023 年中国城市环境卫生协会年会上，山东省青岛市你我创益社会工作服务中心、深圳市罗湖区小水滴环境保护中心、北京市石景山区阿牛公益发展中心等，被评选为国内垃圾分类优秀社会组织。不过，在当前的环境治理体系中，环境社会组织和公众的应有功能在实践中尚未充分发挥作用。

但总体来看，在生态文明思想科学指引下，我国开始逐步建立健全党委领导、政府主导、企业主体、社会组织和公众共同参与的现代环境治理体系，不断提升生态环境治理现代化水平，推动由重点整治到系统治理的重大转变。这种治理方向的变化，配合治理系统的转变，为环境问题的解决提供了真正的机遇。

四、环境社会组织的社会治理功能

世界各国之所以关注环境问题，是因为环境问题对人类社会生活有着实实在在的影响。环境问题所造成的社会治理问题通常表现为：健康损害；经济损失，进而可能造成贫困问题；引发社会公正危机及不同群体间的冲突和矛盾；社会解组及社会结构演变；人口迁移，等等。事实上，这些都是社会治理领域最难以解决的问题。

而将环境问题作为社会治理问题来解决，也涉及方式方法的选择问题。相对于以往单纯依赖政府环保部门出面解决，目前的环境问题的解决更多地应用了社会治理的思路：既然环境问题的影响是面向全社会的，那么就必须动员政府、企业和其他社会力量共同参与到环境治理过程中来。

目前，鼓励社会组织参与环境治理已上升为中央主张。对社会组织而言，这既是发展机遇，也是工作挑战。社会组织作为独立于政府和企业的第三方力量在区域环境治理中发挥着愈发重要的作用，政府在环境治理中也越来越依赖社会执法。社会组织是区域环境治理问题中联系和协调各方的纽带，要发挥自身的草根性优势，利用公信力和亲和力获得其他主体的信任，起到协调和监督的作用，并且也要发挥舆论监督的作用，搭建各主体信息交流的桥梁。

当前的环境治理体系支持和引导环保社会组织依法参与环保活动。如与环境社会组织保持良好沟通，通过开展培训、座谈交流、征集意见、赠阅书报刊等活动与环境社会组织建立线下互动联系，鼓励环境社会组织有序发挥公共服务作用；通过政府购买服务的方式，扶持部分环境社会组织围绕大气、水、土壤污染防治以及垃圾分类、湿地生物多样性等专题开展项目和活动。

实践证明，环境社会组织有其特定的优势和能力，特别是通过社会组织来发现问题、施加压力、保护公民利益、促成问题解决，在特定领域比政府和企业更有效率。例如，在深圳和广州，保护城市内河涌的志愿活动已经充分地开展起来了。护河志愿者们为了更好地护河治水，承担了日常水质监测的责任，以协助政府部门开展护河治水的任务，同时也积极向市民宣传护河知识、水知识以及环保知识等。

此外，作为城乡的细胞单元，社区减碳是实现"碳中和"目标的最基本应用场景之一，应探索符合各地实际的碳中和社区建设理念、路径和方法。例如，万科公益基金会参与共同发起的"垒土行动"面向全国的一线社区低碳行动者，通过在低碳议题的持续深耕，通过研发培训、社群共创、行动实践及经验沉淀，激发城市公众的参与兴趣，围绕资源循环、低碳交通、节能降碳、花园营造开展实践行动，5 年来推动全国三万多人次的直接参与，影响社会公众近二十万人次。

要实现"双碳"目标，和单纯的自上而下的体制改革相比较，自下而上的社会动员蕴含着改变社会的更大能量，但这种能量如何才能从正面发挥出来，公民的环境参与以何种方式为最佳，社会动员又如何与既有机制互动，这些都需要环境社会组织充分发挥作用。即环境运动的参与必须是多元的，不能仅仅是政府干预；而在社会动员方面，教育也比集体行动更有长期效果。

同时，环境社会组织也有改善社会和市场关系的功能。在很多环保成就斐然的国家，公众环境参与的常规化和组织化，已经改变了企业和企业家的理念和行为。照这个功能来看，中国的环境社会组织应该能够做到的一件事，就是用自身的价值体系去帮助企业改变单纯的市场价值体系，让公益价值引导商业价值和时尚价值，帮助企业塑造其全新的企业社会伦理，让企业更好地融入现代环境治理体系。

当然，目前这个治理体系中的一大短板就是环境社会组织。我国的环境社会组织总体上发育不充分，存在数量不足的问题，更存在质量不高的问题。已有的组织规模普遍较小，业务领域偏窄，主要集中在环境保护知识传播、人居环境的生态保护这两个方面，很少涉及水、气、土的污染防治等环境治理的主要领域，活动方式多是局部志愿活动，发挥作用有限。这就需要整个治理体系补短板、强弱项，积极培育环境社会组织。

目前看来，促进政府购买环境社会组织的服务是一种有效的培育方法。强化政府购买社会组织服务的主要内容包括：建立政府购买环境治理社会服务清单，设立专项财政预算资金，定期向社会公开招标政府购买环境治理服务项目，提升社会组织参与环境治理机会。政府购买服务，既是对社会组织的输血，也是对治理效能的激励。

政府也要建立政府转移职能事项清单，逐步将服务性、专业性职能转移到资质合格的社会组织中。这样一来，政府就能减轻工作负担，集中精力做好环境治理的法律执行、政策制定、监督管理等行政工作，提升政府威信和效能。

事实上，中国政府试图通过人与人之间关系的调整而达致环境治理的举措从未停止，出台更严厉的环保法规、监督大企业、购买排污权、交易碳排放等环保举措，都是从环境正义的宗旨出发促进环保目标的实现。但在这个过程中，环境治理体系的建设尚有较长的路要走。

第三节 案例：环保组织参与环境治理的内容和方式

红树林是由红树科植物为主体的常绿乔木或灌木组成的湿地木本植物群落，生长于热带、亚热带地区的陆地和海洋交汇处，是连接陆地与海洋的重要枢纽，集海洋与陆地的普遍性与特殊性于一体，具有强大的包容性。凋落的花果、树叶、枝条及地下部分死亡的细根经微生物的分解，为底栖动物提供了丰富的有机碎屑型食物；红树林的呼吸根、支柱根、树干及松软的滩涂为底栖动物提供了多样的栖息地和安全的庇护地，为数以千计物种提供了生存、觅食、繁衍的环境，其中受威胁物种达 341 种。① 因此红树林被公认为是地球上生物多样性和生产力最高的海洋生态系统之一，也是生态服务功能最高的生态系统之一，与珊瑚礁、海草床并称为地球三大生态系统。

红树科植物对盐土的适应能力比任何陆生植物都强，可在海水中生长，具有"泌盐""拒盐"的本领，还因为其根系发达健壮，能使树体牢牢地固定在淤泥中，对减轻洪水、海啸和风暴等自然灾害的破坏力有着较为明显的作用。权威机构指出，每千米红树林成本是造堤建坝的千分之一，500 米长的红树林带可以减少 50%～99% 的波浪高度，因此红树林生长较好的地方，海啸的危害会显著降低。

但联合国教科文组织官网指出，在过去 40 年中，红树林覆盖率减少了一半，世界上超过四分之三的红树林正在面临威胁。中国红树林面积从新中国成立初期的近五万公顷，下降到 2001 年的 2.2 万公顷，减少超过一半。1998 年，南澳、深圳、珠海、惠东、阳江等地海域先后暴发大面积赤潮，造成直接经济损失近亿元。赤潮发生后，广东的生态专家一致认为，赤潮泛滥的主要原因之一，便是红树林的大面积减少。②

以全国唯一地处城市中心区的国家级自然保护区福田红树林湿地为主体的深圳湾区域，是东半球候鸟栖息地和南北迁徙通道上的主要中转站，每年有数以十万计的候鸟来此停歇，黑脸琵鹭、小灵猫、欧亚水獭、豹猫等众多珍稀野生动物是这里的"常客"。③ 红树林生态公园既是深圳河流水质提升与生物多样性保护成果的重要标志，也承担着防止海啸海水倒灌、保护城市安全的功能。

为保护深圳的红树林及其湿地，红树林基金会（MCF）于 2012 年 7 月成立。基金会由阿拉善 SEE 生态协会、热衷公益的企业家以及深圳的相关部门提倡发起。王石、马蔚华担任创始会长（创始理事长），深圳大学前校长章必功、阿拉善 SEE 生态协会第七任会长艾路明都担任过理事长。红树林基金会是中国首家由民间发起的环保公募基金会，致力于保护湿地及其生物多样性，践行社会化参与的自然保育模式。

① 王维. 全球首个"国际红树林中心"落地深圳——探寻湿地生态保护背后的红树林基金会成长密码. 环球财经，2023（5）：18-34.
② 王维. 全球首个"国际红树林中心"落地深圳——探寻湿地生态保护背后的红树林基金会成长密码. 环球财经，2023（5）：18-34.
③ 韦磊，甘晓辉，刘经纬. "世界湿地日"特别报道｜公益护航"国际红树林中心". https://www.163.com/dy/article/HSIOUI270514N878.html.

梳理以往的红树林相关环境治理案例，其参与环境治理主要是通过环境保护、环保倡导、环境运动和环境诉讼这四种方式来实现的。

一、环境保护

环境保护是环保组织参与环境治理的最基础方式。实际上，环境保护是政府部门和环保组织共同的目标，而此过程中，环保组织和政府之间的顺畅合作是环保目标实现的关键所在。在这个方面具有代表性的社会组织是深圳市红树林基金会。其与政府合作建设开发的福田红树林生态公园，在全国首创了由政府委托社会公益组织管理的模式。

红树林基金会直接接入环保的主要方式是多家机构合作建立"政府＋社会公益组织＋专业管理委员会"的模式，既保证了政府主导作用，又能够整合社会各界资源、引领公众参与湿地保护，开启了大湾区湿地保护的新模式，让本地的湿地保育稳步推进。

最近几年，深圳的红树林保护项目进展顺利。在 2016 年福田红树林国家级自然保护区（以下简称保护区）4 号鱼塘改造成功的经验基础上，2017 年改造了 2、3 号鱼塘，将鱼塘整体打通，实现了保护区内面积约 22 公顷的鸻鹬类高潮位栖息地改造，持续推进水鸟栖息地修复工作、点面共建。红树林自然保护区和红树林海滨生态公园的建设，使得红树林保护成为深圳市的一张环保名片。

在红树林海滨生态公园附近的华侨城国家湿地公园于 2015 年 12 月开园，红树林基金会在福田区政府和福田水务局的指导和各方专家们支持下，7 年间在公园内开展了多元化的自然修复与科普教育工作，让这里逐步成为市民体验城市自然与美好风光的绿意空间。多年来持续的保育工作，让这里成了国家一级保护鸟类黑脸琵鹭重要的越冬地。豹猫、小灵猫，以及在深圳"消失"了二十余年的欧亚水獭，也在此区域重新现身。

在红树林基金会的环保项目中，政府的环境保护目标通过社会专业力量的动员得以实现。而红树林基金会也被称为国内有影响力的环境社会组织，多次获得"鹏城慈善奖"等奖项，让更多的社会资源主动汇集于深圳的红树林保护项目，推进环境保护工作的可持续发展。

二、环保倡导

环保倡导主要指的是政策倡导和公众倡导这两方面。近十几年以来，环保政策不断改进，数次以环境评价为内容的"环保风暴"，乃至"双碳"目标的提出，都表明中国环境政策和政策倡导上的进步。而对于环保组织来说，在制度环境建设方面，应为关心环保和社会公益事业的社会组织发展创造必要的制度条件，为参加环保问题博弈的集团创造一个公平的体制环境，也是政策倡导的题中应有之义。这就需要加强与政府的联系，推动建立相对独立的 NGO 管理体制。而红树林基金会在政府关系方面值得称道，双方的紧密合作经历多年实践的验证，成果丰硕。特别是在政策倡导层面，已形成政府与环保 NGO 之间的良性互动和互信，建立了环保部门和环保 NGO 之间的定期对话协商制度。

在环保问题上做好公众倡导，需要做的是提升公众的环境知识水平和强化公众参与，这是中国环保工作的重要关节所在。毕竟，在大多数情况下，公众才是环境问题最大的受害者。因此，更深入的解决之道必须来自保障公民对环境问题知情、参与、表达、监督的权利。如改善环境评价机制，让公众有机会参与环评，促使政府环评工作更加细致深入；让公众通过媒体发言而赋予环保事业更大的政治正确性；实行环境保护的公众听证制度，靠民意推动政府行为，等等，由此形成在环保议题上的社会力量与政府层面良性互动。

红树林基金会的环境理念是：扎根湿地保护，让人与湿地都有丰盛的未来。为此基金会开展了一系列环境倡导活动，意在推动积极的湿地管理，提升湿地的生物多样性；推动创建湿地教育中心，连接人与湿地；推动更多保护空缺地成为保护地。在这些环保倡议中最亮眼的是青少年环保领袖计划。这个计划面向红树林基金会的捐赠家庭开展，招募小学生、中学生和大学生参加，倡导青少年主动参与自然环境保护活动，义务承担环保宣传任务，积极向身边的人宣传环保，同时动员公众以月捐的形式支持湿地保护、守护绿色家园。青少年在环保行动过程中，将会提升自己的各项能力。

2020 年 8 月，12 名平均年龄为 11 岁的孩子怀揣着倾听自然、保护湿地的心愿，走进福田红树林生态公园，正式成为红树林基金会首批青少年环保领袖。基金会通过开展系列活动，带领孩子回归自然，观察探索自然的奥秘，激发其好奇之心；引导孩子以自然材料进行手工创作，提高孩子的想象力、创造力和动手能力；组织孩子参观知名企业绿色低碳行为，开拓孩子的视野；带领孩子参与环保志愿服务，为候鸟送上持续的守护，为自然环境保护贡献出自己的力量。

三、环境运动

红树林基金会倡导对政府和公众理念层面产生影响，但更重要的是让人们行动起来，以最适合的方式参与环境保护运动。为此基金会采取了以下策略：

（1）建立合作伙伴关系：与政府、企业、学术机构和其他非营利组织建立合作伙伴关系，共同推动海洋保护工作。

（2）开展科学研究：支持科学家进行海洋生态系统的研究，以了解其变化和威胁，并为制定有效的保护措施提供科学依据。

（3）推广可持续实践：通过示范项目和培训活动，向渔民、农民等相关人群宣传可持续发展理念，并帮助他们采取相应的行动。

（4）开展公众参与活动：组织各类公益活动，如海滩清理、环境讲座等，鼓励公众积极参与到海洋保护事业中来。①

其中具有代表性的公众参与活动，就是 2023 年 8 月盒马与红树林基金会联合完成的一次公益实践，采用的是时下热门的跨界联名模式。盒马在 8 月初推出的新包装的生牛乳草莓奶和生牛乳香芋奶盒子正面均印上可爱的猫咪图案，每卖出一盒奶，盒马将拿出 0.1 元支持红树林基金会做环境保护和湿地教育工作，并在 8 月 8 日国际爱猫日期间，面向公众宣导守护国家二级保护动物豹猫的生活家园。为了促进材料循环使用，盒马还标注奶盒裁剪线，方便用户将奶盒裁剪成花瓶。盒马花园同期推出两款同色搭配的对猫友好的花，以带动更多用户关注和分享。

在这场公益与市场的跨界联名活动中，盒马可持续发展部负责人表示，"盒马关注红树林保护和修复，希望通过公益联名商品，唤起公众对珍稀动物栖息地的关注"。红树林基金会副秘书长翟柳则表示，此次与盒马联名的公益产品，作为蕴含在高频消费行为背后的公益行动，是唤起公众参与公益、提升保护珍稀物

---

① 资料来自财经中国网站，https://caijingchina.coffee.cn/post/13283.html。

种意识的有效方式。^① 作为国内新零售领军企业，盒马的产品设计与理念尤其受年轻消费者的喜爱，此次合作也是一次非常好的公益理念传播机会。

四、环境诉讼

环境诉讼即有关环境保护方面的公益性诉讼，是指由于自然人、法人或其他组织的违法行为或不作为，使环境公共利益遭受侵害时，法律允许其他的法人、自然人或社会团体为维护公共利益而向人民法院提起的诉讼。

在现有法律规定下，环境诉讼的主体具有特殊性。环境诉讼的发起者不一定是与本案有直接利害关系的人，而包括社会成员，如公民、企事业单位和社会团体。提起环境诉讼的社会成员既可以是直接的受害人，也可以是无直接利害关系的人。这就为专业的环保组织参与环境治理提供了宽广的空间。

环境诉讼的前提之一是法律的完善。2006 年，《广东省湿地保护条例》出台，其中对红树林保护、红树林恢复提出了具体要求，并明确禁止非法移植、采伐、采摘红树林和其他毁坏红树林的行为。在后续的条例修订中，不断强化红树林保护方面的要求。2020 年修订的《广东省湿地保护条例》，增加了"红树林湿地保护"专章，从多个角度系统明确了红树林湿地保护。^②

红树林基金会在环境诉讼方面并没有投入太多精力。因为深圳市的环境公诉机制已经非常成熟，市、区的检察机构在环境诉讼领域也采取了积极态度，在接到群众举报之后能够主动处理问题，从而让红树林保护被纳入法治轨道。在中国环境诉讼领域成就显著的环境治理组织其实是另外一家基金会——中国生物多样性保护与绿色发展基金会（简称"中国绿发会""绿会"），在过去曾经提起四起著名的环境民事公益诉讼，包括：

（1）中国生物多样性保护与绿色发展基金会诉雅砻江流域水电开发有限公司环境民事公益诉讼案，该案入选生物多样性指导性案例。

（2）中国生物多样性保护与绿色发展基金会诉深圳市速美环保有限公司等大气污染民事公益诉讼案——网店售卖"年检神器"环境公益侵权责任的认定。

---

① 央广网. 爆款单品变公益广告位 盒马联手红树林基金会保护豹猫. https://baijiahao.baidu.com/s?id=1773641181288022662&wfr=spider&for=pc.

② 麦婉华. 广东探索红树林保护与经济建设共发展. 小康，2023，532（26）：52 - 53.

（3）中国生物多样性保护与绿色发展基金会诉北京市朝阳区刘诗昆万象新天幼儿园公益诉讼环境污染责任纠纷案——以调解促进环境民事公益诉讼的实际功效和社会效果。（2）（3）两起案例入选环境资源典型案例中的环境污染防治类案件。

（4）中国生物多样性保护与绿色发展基金会诉贵州宏德置业有限公司相邻通行权纠纷案——对公众的通行权和沿河观赏、享受美好环境权益的保障。该案例入选环境资源典型案例中的资源开发利用类案件。

实际上中国绿发会迄今为止在大气、水、沙漠、土壤、野生动植物、文物保护、公众健康权益等各个领域发起了上百起环境公益诉讼。作为环境诉讼的先行者，类似环境诉讼的成功案例，让全社会对环境组织参与环境治理的成效也充满期待。

第九章

市场治理：
影响力投资引导企业实现社会价值

第一节　影响力投资的产生背景及现状

一、影响力投资的基本概念

关于影响力投资（impact investing）的概念，如巴格莱文所指，这个术语核心的价值观就是"通过资本实现总值的最大化"。在影响力投资过程中，利益相关方试图同时创造出正面的影响以及多样化的经济回报，既能管理又能衡量自己所创造的综合价值（包含经济、社会和环境成分的价值）。目前，主要有以下几种受到学界和公益界认可的界定，其一是来自全球影响力投资联盟（Global Impact Investing Network，简称 GIIN）的定义：影响力投资是指具有创造可测量的、有社会和环境正效益影响并伴有投资回报意愿的个人、公司和机构的投资行为；其二是由洛克菲勒慈善咨询机构编写的《影响力投资》一书中提到的"影响力投资是对公司、组织和基金的投资，且该投资以获得财务回报的同时产生社会与环境影响为目的"。

结合以上较为权威的影响力投资定义，以及招商银行原行长、深圳国际公益学院董事会主席马蔚华在"影响力投资的国内外发展趋势与展望"等系列讲座和多次行业会议中的阐述，本书对影响力投资所下的定义为：影响力投资介于传统的公益慈善与商业投资之间，兼顾财务收益和社会效益，旨在获取财务回报的同时，也对社会和环境产生正面的影响。

二、影响力投资产生背景

影响力投资的缘起是由日益复杂化的社会问题和解决这些问题缺乏系统有效手段方法之间的矛盾所决定的。具体说来，影响力投资产生的背景有以下四个方面：

（1）影响力投资最初产生于 20 世纪 70 年代的美国，当时美国经济整体增速开始放缓，居民收入差距日益加大，主要表现为中低收入群体的收入增长速度逐步降低，高收入群体的收入仍旧保持强劲态势，贫富差距越来越明显，社会矛盾逐步加大。在这样的历史背景下，美国有些公司、机构、个人致力于选择产生社会正效益的投资行为，以期缓解社会各类矛盾，解决相关社会问题。当时具有代表性的案例有福特基金会 1971 年推动创建基金会资产管理机构——"共同基金"（Common Fund），带动了社会价值投资。

（2）近几十年来，金融危机对世界经济造成负面影响。反思金融危机的成因，很大程度上来源于过度的金融创新带来的财富分配不公正，对可持续发展造成了极大威胁。因此，一部分金融机构开始反思自身的社会价值，本身带有向善意义的投资形式，自然受到了金融机构的青睐。包括摩根士丹利、瑞银集团在内的国际领先投资银行都开始在该领域内形成一定规模。

（3）在应对气候变化的背景下，包括洛克菲勒基金会在内的大量支持应对气候变化行动的国际基金会在自身的资产配置中，必须对化石燃料的投资做出行动。而且，这一趋势正在影响到众多支持应对气候变化全球行动的国家主权基金的投资策略和组合。

（4）在全球化的背景下，可持续发展逐渐成为全球面临的重大课题。单纯的政府行动或是单纯的慈善力量都无法为全球的可持续发展提供充足的资金支持。通过引导政府公共资金，引入社会资本，投资于可持续发展目标正在成为全球的共识。

在上述背景之下，影响力投资就成为合适的、具有一定公益性质的投资模式。在影响力投资过程中，利益相关方试图同时创造出正面的影响以及多样化的经济回报，既能管理又能衡量自己所创造的综合价值（包含经济、社会和环境成分的价值）。

国外影响力投资起步较早，已形成一定规模，来自全球影响力投资联盟的调研数据显示，截至 2018 年底，全球范围内共有 1 340 家机构布局影响力投资，总体规模预计达到 5 020 亿美元。自 2007 年洛克菲勒基金会提出影响力投资的概念、价值及其重要性以来，全球公益界和金融界迅速关注并广泛推广该类新兴投资。据了解，美国主要基金会、公益组织、金融机构、政府部门、专业智库对影响力投资的价值、工具、评估方法等已形成广泛共识，影响力投资生态体系逐步建成。另外，2010 年英国推出了全球首个"社会影响力债券"项目。目前，国外影响力投资的生态良性发展主要得益于以下三项要素：一是企业家精神，很多国际化企业家具有为社会公益事业做贡献的意识，愿意将私人资产捐赠社会公益机构；二是政府支持力度大，政府对投资到社会企业中的资产通常给予较大的优惠税务待遇；三是社会影响力投资行为已有可行的衡量标准。

三、影响力投资在中国

随着我国社会主要矛盾已经转化为人民日益增长的美好生活需要和不平衡不充分的发展之间的矛盾，我国社会治理面临越来越多的问题和挑战。现阶段，社会问题的有效解决亟待政府、企业、社会组织等多元力量广泛参与，协同创新探索解决路径。影响力投资作为多元治理模式的一种，逐渐受到政府、慈善界和投资者们广泛关注。

目前，国内影响力投资主体除了各级政府以外，还有很多民营企业、社会组织等广泛参与，诸如上海禹闳投资管理有限公司、南都公益基金会、北京世纪长河集团科技有限公司等。具有代表性的案例包括但不限于：一是中和农信（中国乡村发展基金会下属的北京农村小额信贷机构）采取小额信贷方式帮助贫困地区的产业发展，尤其是帮扶农民通过发展农业实现脱贫。这种社会企业的扶贫方式影响巨大。据了解，该机构向约 39.2 万名客户提供了 450 亿元人民币贷款。二是浙江绿康通过融资扩大养老护理床位供给。浙江绿康成立于 2006 年，主要为失能半失能老人提供医养护理，随着老龄化程度的加剧，市场医养护理需求越来越大，同时受到传统运营模式和慈善工具的限制，床位供需失衡严重。2014 年初，浙江绿康积极拓宽融资思路，获得禹闳资本 3 200 万元融资，实现养老护理床位供给规模化，让更多有需要的失能半失能老人享受到了更好的医养护理服务。

影响力投资试图以金融投资与公益慈善紧密联合的方式来解决社会问题。商业向善、金融向善、社会向善、人心向善正在成为一种趋势。影响力投资已经成为结合多元力量、共同应对社会问题的创新性解决方案。根据《中国上市公司 ESG 发展报告（2022）》，A 股上市公司 ESG 信息披露率逐年提升，报告数量与发布比例在增量和增速上均为过去 5 年最高值。同时，这些公司在逐步完善 ESG 信息披露标准，健全信息披露机制，建立配套的信息披露体系，丰富 ESG 信息披露内容，优化行业关键议题披露，信息披露水平不断提高。

而到了实操层面，上市公司在环境维度表现为温室气体排放信息披露与绩效情况改善，更多上市公司重视并加大环保投入，绿色收入总量持续增加；在社会维度表现为积极回应客户关切，重视员工安全管理，建立健全数据安全与知识产权保护机制；在公司治理维度表现为建立反腐败与反贿赂制度比例提升，大股东质押情况缓解，运用股权激励方式优化公司治理等。

但总体上来看，影响力投资在中国才刚刚起步，政府、市场和社会对影响力投资的认知尚不清晰。虽然影响力投资在上市公司的投资和经营过程中的比重在逐渐增加，但目前影响力投资的基础设施并未得到充分的建设，社会价值和商业价值之间存在矛盾。投资成效能否被有效测量、政府对影响力投资的支持程度、依据风险和收益划分的不同种类的影响投资产品数量、投资退出机制的完善性以及参与行业的中间服务商数量等方面均存在严重不足。

第二节　社会组织参与影响力投资的实践

一、社会组织成为影响力投资的主体之一

在中国，社会组织参与影响力投资已经逐渐从理论走进实践。通过综合分析各类社会组织参与影响力投资的实践过程，并结合社会企业发展、影响力投资等领域的重要理论，可以发现社会组织在社会影响力投资的融资、社会影响力投资项目落地实施、制度环境塑造等方面均可以承担重要的角色。

在融资方面，社会投资的"三驾马车"分别是基金会、商业投资机构和政府部门。基金会作为社会组织的主要类型之一，在社会投资领域拥有重要的投资主体地位。公募和非公募基金会的资金主要包括了自有资金和慈善捐款，在各自愿景和价值观的驱动下，基金会采取了不同的社会投资模式：一是纯粹的社会价值目标主导的公益创投和项目扶持类的资助方式，二是以追求财务回报和实现社会价值相统一的价值目标主导的社会影响力投资模式。

在社会影响力投资项目的落地实施层面，执行类的社会组织发挥了非常重要

的作用。对于那些选择以影响力投资为主要模式的基金会、商业投资机构而言，除了工商注册登记的社会企业和部分企业社会责任执行团队之外，项目执行类的社会组织（含民政部门登记的社会企业）是他们项目落地的重要合作伙伴。

在深圳，很多智库型的社会组织参与了政府关于影响力投资政策的顶层设计工作，同时也负责了政策效果评估和政策完善工作。而枢纽型、平台类社会组织可以参与项目设计完善，并为促进影响力投资行业发展在政策对接、资源联动、经验分享、打造城市形象等领域发挥不可或缺的作用。值得指出的是，智库类社会组织和枢纽型社会组织都可以直接参与资助主体的社会影响力投资项目的设计、规划与评估。此外，社会影响力投资作为一项社会事业，其良性发展与稳健运行离不开利好的政策环境与绩效评估。

二、社会组织以影响力投资促进新公益模式的出现

与传统的公益慈善文化不同，影响力投资追求的是经济、社会和环境综合效益的统一，这是一种在解决社会问题、化解社会矛盾的同时也实现了相应的经济回报的特殊公益模式。

在公益文化建设方面，对于基金会而言，参与影响力投资实践，解决了其关心的社会问题，同时又解决了资金增值的顾虑。在实现其社会价值的同时，也进一步加强了基金会自我造血功能。对于项目执行类的社会组织而言，参与影响力投资项目设计和执行，可以有效加强其资金来源多样性、资金监管规范性、项目实施效果可控性并完善内部治理。同时，影响力投资作为一个政府、市场和社会多元参与的社会公益事业，资源协同型的枢纽型社会组织加入后，将进一步加强和提升影响力投资的发展规模、社会效益和经济效应。中国公益事业和公益文化起步较晚，公众认知和社会整体公益文化较弱。社会组织作为公益文化的载体，随着践行影响力投资，他们的实际社会效益和效能的增加会进一步提升公众认知，从而持续性地加强公益文化发展。

在民生事业发展方面，影响力投资为民生事业发展提供了新思路和新资源。自从 2007 年洛克菲勒基金会第一次提出、2009 年被引入中国，"影响力投资"一词在公益圈已经不是一个陌生的词。并且，在过去的实践中，影响力投资重新定义了中国社会公益、民生服务的谱系。

虽然说"影响力投资"一词没有一个普遍接受的定义，但是其包括了至少三个内涵：致力于改善社会问题、具备财务回报价值、创造的价值能够被测量。

"致力于改善社会问题"在很大程度上是因为这个领域是与民生问题高度重合的。随着影响力投资在深圳的进一步发展，大量源自基金会、商业投资机构的资金流入民生事业发展的领域（例如健康与医疗、脱贫与扶贫和社区发展等），加强了民生事业发展的基础资源池。

"具备财务回报价值"指的是随着工商注册类社会企业、民政注册类社会组织、企业社会责任部门、商业公司执行团队等多种力量共同参与到深圳民生事业发展领域，伴随而来的是服务质量的竞争和服务质量及管理质量的改善，能够有效拔高深圳市民生事业服务梯队的质量，从而创造更大的经济价值和得到更多经济回报。

"创造的价值能够被测量"则是对民生事业领域的另一个非常重要的革新。根据《中国社会企业与社会投资行业扫描调研报告2019》，商业投资机构的"影响力投资类"项目全部达到或超过预设目标，而基金会（社会组织类型之一）投资的"影响力投资类"项目有三成未达到预期。换言之，商业投资机构延续其制度惯性，采取了较好的目标设定和价值评估体系，使其在民生事业服务方面的成果超越老牌的资助型基金会。如果深圳市的社会组织持续与商业投资机构在同一个场域内开展影响力投资项目，势必会提升深圳市整体民生事业效果和价值评估能力建设。

在政策层面，社会组织参与影响力投资将推进落实国家和地方重大方针政策。以深圳为例，社会组织参与影响力投资将推进深圳市建设中国特色社会主义先行示范区。《中共中央　国务院关于支持深圳建设中国特色社会主义先行示范区的意见》提出"到2035年，深圳高质量发展成为全国典范，城市综合经济竞争力世界领先，建成具有全球影响力的创新创业创意之都，成为我国建设社会主义现代化强国的城市范例"，并提到"构建以市场为导向的绿色技术创新体系，大力发展绿色产业，促进绿色消费，发展绿色金融"。

目前，影响力投资的业务范围也涵盖了创意文化、绿色生态科技等方面，大量民政注册类社会企业①、一般性项目执行类社会组织正在参与上述类型的影响力投资项目。如果深圳市符合资质的社会组织能够积极参与到这类项目中去，必将能够为加速建设中国特色社会主义先行示范区贡献应有的力量。

三、社会组织参与影响力投资面临的挑战

（一）影响力投资外部环境有待改善

从影响力投资的制度环境建设来看，深圳政府在影响力投资市场发展过程中提供的政策支持力度仍显不足。虽然深圳市福田区政府出台了有关影响力投资的相关文件，但毕竟还只是个别区政府的创新探索，尚未在深圳市范围内全面推广。同时，相关的政策扶持力度仍旧十分有限，影响力投资的政策环境亟待进一步完善。从影响力投资的行业标准制定来看，对影响力投资的评估缺乏一套主流投资者广泛认可的测量体系。诸如包括财务表现评估体系和社会影响力评估体系在内的行业标准尚未达成共识。目前，缺乏广泛公认的评估测量标准导致投资者难以比较不同投资组合的社会影响力，甚至阻碍了影响力投资的规模化发展。

（二）影响力投资人才队伍建设亟待加强

据调查，从影响力投资专业人才数量来看，目前参与影响力投资的社会组织、社会企业、社会企业支持型机构极其缺乏专业技能人才，普遍面临人才匮乏的窘境。从影响力投资人才培养来看，行业内部暂未形成较为系统的人才培育课程体系，目前仅有深圳国际公益学院搭建了有关影响力投资的相关课程体系。从影响力投资人才的开发来看，人才的开发具有周期性，需要提前投入教育资源。目前深圳高等院校暂未开设该类专业人才培养课程，亟待试点探索开设相关专业课程，进行专业人才培训。

（三）影响力投资多元参与格局亟待构建

目前，影响力投资的参与主体较少，一些机构投资人和个人投资人对影响力

---

① 根据《中国社会企业与社会投资行业扫描调研报告 2019（简版）》第 10 页的测算，中国有大约 32 万家"无意识"的民非登记属性的社会企业。

投资的认识还处于初级阶段。有些投资者在对影响力投资的商业回报率进行定位时通常存有信誉和道德风险方面的担忧，参与积极性难以提升。仅局限于一些有公共社会责任意识或者有慈善公益倾向的社会企业、基金会、金融机构参与影响力投资，难以引起社会工商各界的足够兴趣，严重制约了影响力投资的推行速度与发展程度。

与传统的公益慈善文化不同，影响力投资追求的是经济、社会和环境综合效益的统一，这是一种在解决社会问题、化解社会矛盾的同时也实现了相应的经济回报的特殊公益模式。目前看来，深圳在这个方面进行了较多的有益探索。

第三节　案例：深圳借助社会组织参与影响力投资

深圳正在积极参与影响力投资的制度探索、理论探索和实践探索。例如，深圳正在筹备组建全国首个影响力投资基金[①]、拟制定影响力投资标准[②]、组织申报[③]并发布了一批影响力投资的扶持项目清单[④]。总体来看，尽管目前深圳影响力投资实践尚处于试验和探索阶段，但深圳社会组织参与影响力投资实践的前景是值得期待的。

一、社会组织参与影响力投资的主要形式

1. 参与影响力投资政策顶层设计

深圳市具有研究咨询功能的社会组织作为影响力投资政策研究的重要参与者，主动承担行业创新发展的重任，参与深圳市各级政府影响力投资政策研究咨询工作。例如，为贯彻落实《国务院办公厅关于进一步激发社会领域投资活力的

[①]　深圳正组建全国首个影响力投资基金.（2018 - 08 - 15）. http://www. sz. gov. cn/cn/xxgk/zfxxgj/zwdt/201808/t20180815_ 13902321. htm.

[②]　中国拟制定影响力投资标准.（2019 - 01 - 15）. http://epaper. southcn. com/m/ipaper/nfrb/html/2019 -01/15/content_ 2058. htm.

[③]　2019 年福田区社会建设专项资金社会影响力投资类项目申报公告.（2019 - 08 - 23）. http://www. szft. gov. cn/ftxx/sqtz/201908/t20190823_ 18174766. htm.

[④]　关于福田区社会建设专项资金总第九期社会影响力投资类拟资助项目的公示.（2019 - 11 - 25）. http://www. szft. gov. cn/ftxx/sqtz/201911/t20191125_ 18887756. htm.

意见》（国办发〔2017〕21号）文件要求，在深圳市委市政府指导下，2018年
福田区政府先后出台《福田区关于打造社会影响力投资高地的若干意见》和
《福田区关于打造社会影响力投资高地的扶持办法》，致力于"用五年时间打造
全球社会影响力投资高地和公益金融中心"。据了解，在政策制定过程中，深圳
市智库类社会组织就积极参与了前期调查研究、专题研讨论证、《办法》初稿起
草等重要环节。

2. 推动影响力投资各方资源联动

深圳市枢纽型社会组织作为影响力投资的重要推动者，积极联动公益圈各类
组织机构资源，通过举办行业论坛、公益沙龙、互动研讨会等形式，吸引各界人
士了解、参与、推进影响力投资。例如，2017年，深圳国际公益学院举办国际
公益金融峰会暨首届全球社会影响力投资论坛。论坛期间，深圳国际公益学院联
动多家金融公益、实业、媒体等机构共同发起《全球社会影响力投资共识》，搭
建了全球社会影响力投资合作网络平台。再如，深圳市社会组织还积极参与了
2018年、2019年中国社会企业与影响力投资论坛的举办，有效地推动了深圳市
影响力投资的可持续发展。

3. 参与影响力投资项目的执行环节

深圳市服务型社会组织作为影响力投资的项目执行者，利用自身专业能力和
专业服务推动不同类别影响力投资项目的落地实施，在此基础上摸索出一套有效
的影响力投资项目执行模式。例如，深圳市残友集团控股股份有限公司为改善残
障人士就业状况和生活质量，吸纳商业企业、基金会等影响力投资主体的资金，
通过实行"社会组织＋社会企业＋基金会"的运营模式推进公司的持续健康发
展，帮扶更多的残障人士解决就业问题。据了解，在整个运营链条中，有14家
社会组织参与了残疾人就业加无障碍生活社区的运作服务工作。

综上，深圳市的社会组织已经成为影响力投资项目落地实施过程中不可或缺
的重要力量。

二、深圳社会组织参与影响力投资的案例一：行动

由于影响力投资在深圳的发展仍处于起步阶段，社会组织参与影响力投资的
案例并不多，本书将重点介绍一个基金会推动影响力投资的典型案例。深圳市恒

晖儿童公益基金会由公益人陈行甲于 2017 年 5 月发起成立，是在深圳市民政局依法注册登记的非公募基金会，致力于开展公益社会创新、贫困儿童大病救助和贫困儿童教育关怀等方面的公益项目。自 2017 年成立以来，恒晖基金会积极推动儿童大病救助项目，在广东省河源市试点开展儿童白血病"联爱工程"。据了解，为推进项目的可持续发展，恒晖基金会尝试通过发行河源市儿童白血病救助社会影响力债券，每年投入 200 万元，可以为儿童白血病患者家庭每年节省资金超过 825 万元。目前这个项目的整体设计已经完成，利益相关方以及政府的支持已经到位，正在积极推动债券上市的过程中。

想理解项目的逻辑，需要从项目所要解决的问题入手。在项目设计方——北师大中国公益研究院和深圳国际公益学院对河源市儿童白血病患者家庭因病返贫的原因调查中发现，有两个重要的原因促使这些家庭在短时间内承受巨大的经济压力：一是患儿的家庭所在地多为普通地级市、县级市甚至农村，但他们选择治疗的地点多为广州这样医疗资源集中的大城市，所以在医院之外的花费（如交通费、住宿费、餐费、陪同者的其他费用等）和在医院之内的花费（治疗费用）几乎相等；二是白血病儿童的治疗费用根据现有政策在医保目录内报销的比例较低，大量的治疗过程和药物需要患者家庭自费承担。这两大因素导致白血病患儿家庭承受了沉重的负担。这还没有算上家庭成员因陪伴和照顾患儿不得不放弃工作或减少工作时间所导致的家庭间接经济损失。

为解决上述问题，项目设计方决定从两个方面来解决问题。一是想方设法优化本地医疗条件，增加本地治疗的比重，减少患儿家庭因长年累月在外地就医所带来的家庭沉重负担。具体做法是支持本地医疗机构的硬件和设备升级、对本地医护人员做针对性培训、请广州等地的大医院专家医生定期到本地巡诊，等等。二是和当地政府及医疗部门合作，增加白血病儿童在医保目录内的报销比例，让患儿家庭只承担极小的自费比例。通过这两种方式，直接降低了白血病患儿家庭的经济负担，从而可以有效地阻止白血病患儿家庭因病返贫。

至于如何筹集相关的资金，恒晖基金会和陈行甲想到了影响力债券的形式。即通过发行债券、恒晖担保、政府或基金会贴息等方式，让这个债券在筹集资金用于阻止白血病患儿家庭因病返贫的同时，也给债券投资人一定的商业回报。这引起了投资人的极大兴趣。目前看来，尽管债券还未上市，但已有多位投资人表示愿意参与，甚至在 5 年的投资周期后，如果项目成功，还可以考虑进入豁免程序。

该案例主要有以下特点：其一是聚焦帮扶特定弱势人群，直接产生社会效益。众所周知，白血病作为儿童常见恶性肿瘤之一，发病率较高，治疗周期较长，治疗花费较大，对患儿家庭造成沉重的经济负担。儿童白血病"联爱工程"聚焦支持户籍所在地为广东省河源市的 18 岁以下且参加了城乡居民医疗保险的白血病患者及其家庭，有助于实现精准帮扶。其二是探索采用公益事业投融资工具，形成公益金融工具创新。通过探索以购买社会影响力债券产生的社会效益和影响力评价作为衡量企事业单位和个人参与社会公益事业的指标之一，并借助证券公开市场对公益事业的运行规则、项目指标、运用场景及扶助效果等进行第三方评价后，以直观、通俗及公众认可的方式进行披露，较好地探索了一条可持续发展的投资路径。其三是项目采用强强联合的多家机构合作方式运作。来自各方面的团队，包括设计方、执行方和评估方都是经验丰富的业内成熟团队。具体落地执行的团队成员结构设计科学，既有长期的公益社会实践者，也有专业的债券团队，还有专职公益事业的研究者等，为项目的运作提供了智力支撑。其四是项目起到了联动作用，在公益金融推进的同时，提供配套专业社工服务。除每年资金投入外，"联爱工程"肿瘤社工中心通过本地社工，为患者提供各种社会服务，帮助患者构建家长社区，提供心理支持，并将社会救助资源对接给患者及其家庭，体现了项目的社会效应和公益温度。

三、深圳社会组织参与影响力投资的案例二：倡导

在 2018 年前后，深圳召开多次影响力投资峰会，金融机构、社会企业和社会组织广泛参与，达成了包括"香蜜湖共识"等一系列业内共识和标准。地方政府机关、建设银行、腾讯、深圳市慈善会、深圳慈展会、恒晖基金会、深圳国际公益学院等有影响力的机构都参与其中，从而形成了影响力投资的良好环境。

在制度和政策环境的打造方面，深圳市各级政府非常认可影响力投资的理念，对于影响力投资论坛、峰会、项目等都给予了大力支持。深圳市社会组织管理局主动为白血病儿童家庭因病返贫影响力债券贴息，撬动千万以上资本进入公益慈善领域。而福田区更提出要建影响力投资的高地，集中打造影响力投资机构。

在政府支持的基础上，各类影响力投资倡导活动持续开展，并产生了持续性的影响。值得一提的是，马蔚华在 2017 年 12 月中国第一届影响力投资国际峰会上指出，影响力投资介于传统公益慈善和商业投资之间，它要兼顾财务回报，也要兼顾社会效应，它应该是公益金融的重要内容。在这个过程中，影响力投资追求的一是正面的财务回报，二是显著的、积极的社会影响力。

特别是在我国的主要矛盾已经发生变化的情况下，人们对美好生活的需要和不平衡不充分的发展之间的矛盾成为我国社会主要矛盾。这些矛盾体现在不协调上，城乡不协调，分配不协调，社会教育医疗、社会保障都有很多不充分，东西部收入水平有很多不平衡。而深圳的经验表明，这些问题都可以通过影响力投资的方式加以解决或缓解。

可以说，在深圳，经过十多年的发展，社会影响力投资所涵盖的领域逐步扩大，已经涉及了教育与培训、健康与医疗、脱贫与扶贫、社区发展、文创、食品和农业等社会生活的方方面面。各类社会组织已经、正在也将会在这些相关领域持续发挥着它们的社会功能。

习近平总书记在参加十三届全国人大一次会议广东代表团审议时发表重要讲话，明确要求广东在营造共建共治共享社会治理格局上走在全国前列。作为改革开放窗口的深圳自 2018 年以来大力开展了"关于在营造共建共治共享社会治理格局走在全国前列的工作部署"。影响力投资目前对公益事业发展正产生着深远的影响，以公益金融提升公益效率，正成为深圳这个创新之都在公益领域的新选择。在未来，深圳需要充分发挥政策和地域优势，通过完善制度、培养人才、加大资金投入，鼓励社会组积极参与影响力投资，充分发掘影响力投资优势和社会组织潜力，打造深圳特有的"社会影响力投资体系"，开创社会治理的新模式、新格局。

第十章

基层治理：
社会力量助力基层治理格局的优化

第一节　基层治理生态及作为行动框架的
"五社联动"

进入新时代后，以社区为本的服务需求呈现爆发式增长，也出现了越来越多的利益诉求。2021 年 4 月，《中共中央　国务院关于加强基层治理体系和治理能力现代化建设的意见》强调，要"完善社会力量参与基层治理激励政策，创新社区与社会组织、社会工作者、社区志愿者、社会慈善资源的联动机制"。由此开启了基层治理"五社联动"的新机制。

慈善事业是推进基层社会治理的重要力量，要加强基层治理体系和治理能力现代化建设，必须以习近平总书记关于慈善事业的重要论述为指导，有效推进社会慈善资源融入基层社会治理。而在现实中，从"五社联动"的视角出发，社区公益对于基层社会治理的积极作用主要体现在以下方面：

一、社区公益有助于构建现代基层政权体系

以往中国社会的基层治理有着丰富的本土资源，在"皇权不下县"的传统中，中国古代对社会基层的治理主要通过乡绅自治来实现，宗族、乡贤、乡约都起到了重要的治理功能。这些传统在现代中国已经不多见。但中国的基层治理不是简单地恢复乡贤制度，而是寻找社会的内生自治力量，成为治理的新主体。

中国乡村建设的一个重要抓手就是基层党组织。实际上，基层党组织建设早已突破古代"皇权不下县"的局限，而直接到达村一级，为农村基层治理的提升构建了良好格局。近年来，许多城市以基层党建为龙头，以社区管理为重心，以社区自治为突破口，以社区服务为窗口，积极探索构建社区党建、管理、服务、自治"四位一体"社区治理体系，一定程度上缓解了传统社区治理存在的角色错位、资源匮乏、参与不足等问题，为全国社区治理改革提供了可资借鉴的经验。

但对于构建现代基层政权体系来说，上述举措还远远不够，需要在制度而非经验层面进行基层制度改革，如健全在城市或农村社区党委领导下以居委会为主

导的社区居民议事会制度，发挥居委会在辖区居民利益密切相关的重大事务领域的决策作用。社区社会组织在吸纳居民成为社区治理的重要力量方面起着至关重要的作用。这些制度层面的改革单靠政府自上而下的推动是难以完成的，需要动员基层社会力量的参与才能真正有成效。即需要通过社区社会组织，推动居民一起来解决社区的事情，实现居民服务居民，促进多元协同参与，对社区社会组织、业主大会、业委会和物业管理企业开展工作情况，以及党群服务中心服务项目和运营机构进行监督，如此才能形成基层政权建设的新动力。

二、社区公益有助于构建基层治理新格局

目前参与基层治理的组织展现出日益多样化的特征。社区内普遍有社区党委、社区工作站、居委会、社区党群服务中心、业委会、物业管理企业以及其他驻社区单位等机构和组织，在"村改居"社区还有社区股份合作公司。但在社区中的领导者和主导者是毋庸置疑的，在基层社会治理新格局的表述中，"党委领导、政府主导"也同样适用于社区公益事业。

各地的具体做法主要是通过强化居委会功能，推动社区自治健康有序发展。居委会作为群众性自治组织，在社区党委领导下，在协助党和政府开展精神文明建设宣传、人民调解、群防群治等工作的同时，收集社情民意，反映群众诉求，发挥好党和政府联系群众的桥梁纽带作用，为加强基层民主政治建设，进一步选优配强居委会班子成员，不断扩大居委会直接选举比例和覆盖面，广开社区居民实现民主权利、政治参与的渠道。

过去几届深圳全市居委会的换届选举工作六多是通过居民直选完成的，在2017年的804个居委会换届中，采取直选方式的有803个，直选率达99.87%，基本实现了全面直选。目前深圳居委会成员整体呈现"一肩挑"比例高、试点比例高、学历层次高、妇女干部比例高、居委会参选率高、年龄构成低"五高一低"特点，同时还逐步降低非户籍居民参选门槛，有序吸纳非户籍常住居民参与居委会选举，从非深户籍党员中选拔社区党组织班子成员。

在基层治理主体建设的同时，基层治理的机制也在不断更新，即在"枢纽、议事、监督、服务"的职能指引下，深圳市的基层治理注意规范以居民（代表）会议为组织形式的民主决策制度，健全在社区党委领导下的以居委会为主导的社

区居民议事制度，原则上每三个月召开一至三次会议，有效鼓励动员社区居民积极参与社区民主管理事务。健全民主监督制度，大力推进居务公开设施建设标准化、内容规范化、时间经常化、形式多样化、地点公众化"五化"建设，充分保障居民对居务的知情权、决策权、参与权和监督权。引入社区居民、居民代表、社区社会组织更多地参与基层决策，形成深圳基层治理的新格局。

三、社区公益有助于创新社区服务新形式

社区公益为社区志愿者和社会工作者提供了适合展现风采的舞台。像深圳紧紧抓住"服务"这一核心理念，积极推进社区党群服务中心建设，党群服务中心项目面向社区、依托街道，以改造现有场地的方式，建立布局合理、功能配套、方便适用的服务中心，并采取"公办民营"、政府购买服务的形式，通过"政府引导、政策扶持、社会参与、市场运作"的服务体制机制，培育社会服务组织，引进社会工作专业队伍，发挥义工作用，充分调动社会各方面力量参与社区服务。截至2018年6月，全市已建成683家党群服务中心，实现了社区全覆盖，成为社区党群服务新阵地。

此外，很多城市还注重社区文化的建设，包括举办社区邻里节，促进居民融合与文化认同。深圳作为移民城市，大家来自五湖四海，彼此互不熟识，传统的熟人社会基础本不存在，而深圳城市化的飞速发展、快节奏的生活方式等因素更进一步加剧了邻里间社交障碍。为破解这一难题，市民政局联合市文体旅游局、市关爱办等6个部门自2006年起共同主办了社区邻里节活动，每年遴选一个区（新区）的某个社区作为全市社区邻里节活动的主会场所在地，通过开展丰富多彩的各类活动，广泛发动社区居民参与，未被选定为主会场的区（新区）各选择一个社区作为分会场举行规模较大的活动，全市其余各社区也各自开展内容丰富、形式多样的社区邻里节活动，如举办文艺会演（主要由社区居民参与节目演出），组织制作糕点和中秋贺卡、猜灯谜等互动活动。活动开展以来，由最早的小部分社区自行开展到全市600多个社区同步开展，参与人数也由小部分人参与到社区居民广泛参与，社区邻里节活动已经成为全市独有的属于全体居民的共同节日，是深圳促进社区居民融合的一个品牌活动，深入人心。

四、社区公益有助于达成社会协同的机制

"社会协同"是通过强化社区协商，推进社区居民议事会规范化建设。像深圳，除了居民会议、居民代表大会、业委会等传统议事形式，深圳市民政局在全市大力推行居民议事会，着力将其打造为开展社区协商的最重要和最有效的平台，科学设定人员组成、议事范围，如规定居民议事会成员主要从社区党组织、居委会、工作站、业委会、物业管理公司、驻社区单位、社区社会组织、辖区企业等单位及居民或居民代表、社区民警、外来建设者等群体中推选产生，非户籍人口多的社区还需吸纳一定比例非户籍成员，最大限度涵盖社区各类人群。另外还细化议事程序与开会流程等，解决了居民会议具体开会流程不明晰等问题，引进的罗伯特议事规则也为如何理性、有序、高效地开展社区协商树立了规范。

同时，不断丰富社区协商内容。针对部分社区存在的无事可商、为协商而协商等问题，深圳市民政局通过制度设计将全市正大力推广的民生微实事与居民议事会紧密捆绑，各社区拟实施的民生微实事项目全部由居民议事会讨论决定。对于属于居民议事会讨论确定的日常性事务（非民生微实事项目），如对涉及本辖区的社区建设规划提出的意见建议，对本社区各类组织的管理、服务及作风等方面存在的问题提出的意见建议，收集反映的社情民意和居民需求等经议事会讨论决定后，将严格按照居民议事会工作规程分类执行、限时解决。对于讨论商定的民生微实事项目，将上报街道办事处进一步审核确定，项目一旦确定，将严格按照项目合同由街道办事处、社区根据金额大小分别组织项目承接方实施。对于实施的项目，除了审计部门的专业审计，深圳市民政局还将委托第三方专业机构开展评估等，有力保证了协商成果的落地，让社区协商得到充分的尊重，确保社区协商结果有效执行。

五、社区公益有助于社区治理的资源整合

目前社区公益的介入对于社区资源整合、服务下沉、信息平台建设、评估监督、公众参与等多个方面都有着直接的助力。

在资源整合方面，通过设施合并、资源置换等方式，建设综合性社区服务设

施，以社区公益、"社工＋慈善"等方式，促进社区党群服务中心服务水准和服务效益的"双提升"。

在服务下沉方面，以居民需求为导向，将劳动就业、社会保险、社会救助、医疗卫生等基本公共服务下沉至社区，开展"一站式"服务，打通了服务群众"最后一公里"。在这方面，一个受欢迎的模式是：以需求为导向，以问题为导向，改变传统的"自上而下""政府配菜"的模式，由社区居民提出需求，以"短平快"方式解决社区居民身边小问题，这种做法实际上是以微实事补民生短板，成效显著，带动了更多公众对身边事务的参与。

2015年9月，为回应深圳社区居民的民生需求，市政府办公厅印发了《关于印发全面推广实施民生微实事指导意见的通知》（深府办函〔2015〕140号），开始在全市范围内全面推开"民生微实事"项目。项目以居民需求为导向，分为社区工程类、服务类、货物类三大类，项目资金由市、区财政按1：1配套，每个社区原则上不超过200万元，着重解决社区群众身边迫切需要解决而以往政府常规性项目没有关注、物业公司等社会力量也无力解决的小事、急事、难事。这些公共服务资源向民众关注的问题投入，极大提升了社区居民参与热情，补齐了为民办实事的短板，强化了基层党建及民主自治建设。

在评估监督方面，根据《深圳市社区党群服务中心政府购买项目服务标准》文件精神，通过第三方机构对社区党群服务中心滚动开展两年一次的等级评定，将评估结果与奖惩、退出机制挂钩，引导运维机构为居民群众提供更优质服务。2017年通过第三方评估机构已完成对全市267家社区党群服务中心运营情况的评估并形成了评估报告。

在信息平台建设方面，当前社区党群服务中心信息管理平台已经初步完成了日常办公、社区服务中心管理、预约管理、社区服务中心信息系统和民生微实事项目管理等模块的建设，并已通过了专家验收小组的初步验收，相关功能及应用正在调试和优化中。同时，已启动了社区党群服务中心信息管理平台二期——民生微实事管理系统建设的前期调研工作。

在社区公益中有一个社区组织策略很有意思。而社区公益对"公众参与"的助力，主要是找好切入点。很多社区组织都在想，怎么能够吸引中青年力量来参与社区公益呢？实践中有几个行动策略被尝试及证明有效，包括利用群团组织建立起来的社区儿童服务平台，从对儿童服务，到自然与中青年群体和家庭产生互动、建立关系并慢慢转变为关注社区公益和参与社区公益议题。

社区公益的近期发展及其取得的成就，使得社区公益的合法性日益增强。近年来关于社区公益的法律法规等文件密集下发。2015 年民政部印发的《民政部关于指导村（居）民委员会协助做好社会救助工作的意见》在"协助做好社会力量参与社会救助有关工作"部分提出"大力发展社区慈善"。2016 年十二届全国人大四次会议表决通过的《中华人民共和国慈善法》规定"城乡社区组织、单位可以在本社区、单位内部开展群众性互助互济活动"，为社区慈善的开展提供了法律依据。近几年来，随着基层社会治理的推进，许多地方对社区慈善进行了探索和实践，社区基金会、社区慈善基金、慈善超市、社区慈善社工站等社区慈善载体遍地开花，为我国社区慈善和基层社会治理积累了经验。2021 年陆续开始实施的《广州市慈善促进条例》《上海市慈善条例》等地方法规也明确提出推动社区慈善发展的举措。上述法律法规给予社区基金会等社区公益主体更大的活动空间和更多的资源动员渠道。

第二节　以社区组织助力基层治理现代化的路径探索

作为基层社会治理的基本单元，社区既是一个具有共同价值取向的情感共同体，又是推进社会慈善资源融入基层社会治理的行动主体。城市基层治理要以建立良好基层的政策关系为出发点，创造更加宽松的发展环境，引进外部机构；大力培育社区慈善组织、社区慈善超市、社区基金会、社区志愿服务团体等，为社区居民提供多样化、精细化的社区服务。在这些基层机构中，社区基金会是一个独特而不可替代的存在。

在西方社会的基层治理过程中，社区基金会一直发挥着重要的作用。具体说来就是社区基金会能够为当地提供一个永久的慈善资金池。事实上，自从 1914 年第一家社区基金会在美国创立后，随着越来越多的个人和机构对这一概念的认知，社区基金会在过去一百多年时间内得到了蓬勃发展，并成为社区公益的最重要载体。

在中国，2014 年至 2018 年，全国社区基金会增速迅猛，之后放缓，但围绕社区基金会的发起设立、治理结构、定位和业务范围、管理运营、支持和保障政策等作出了系统的制度安排，并逐步确立下来。《深圳市社区基金会培育发展工作暂行办法》推进社会组织登记管理改革，突破了以往公益基金会服务范围限制，突破了创设基金原始资金门槛限制，突破了社区冠名限制，为推动发展社区基金会提供了制度环境支持。

在政策和制度支持下，近年来成都、深圳、广州、上海等城市积极借鉴新加坡等国家发展城市社区基金会的有益经验，探索发展"本土化"的社区基金会，使其成为汇聚社会资源、服务社区居民的重要平台，有效推动了社区治理模式创新，初步走出了一条共建共治共享的基层社会治理路径。社区基金会和政府机构走到一起，建立公私合作伙伴关系，以解决当地的问题。

从以往的经验来看，社区基金会具有如下社会治理功能：

（1）谋求一个特定地理区域的生活质量的改善；

（2）不受其他组织、政府以及捐赠者的控制或影响；

（3）由广泛代表其所服务社区的公民所组成的理事会进行治理；

（4）资助其他非营利组织，以应对社区中各种新的、不断变化的需求；

（5）随着时间的推移，寻求建立来自广泛多样的捐赠者（包括当地居民、其他非营利机构以及企业）的永久性捐赠资金；

（6）提供契合捐赠者兴趣和捐赠能力的定制化服务；

（7）帮助捐赠者实现其公益慈善目标；

（8）开展各种社区领导力和社区合作伙伴的活动，发挥催化剂、召集者、协作者和促进者的作用，提出解决社区重大问题的方案；

（9）在所有运作中采取公开透明的政策与做法；

（10）定期向公众报告自己的目的、活动和财务状况，以此对社区负责。

而上述功能得以实现，社区公益在社会治理领域之所以能够成功，主要依靠四方面作用的发挥，包括：第一，以基层治理为目标的社区统筹工作机制。在这里，基层政府和社会力量需要紧密合作，特别要基层党委政府在社区慈善中发挥作用，统筹社区慈善资源，构建符合本社区实际的"五社联动"工作机制。第二，社区社会组织协同作用，包括积极培育发展社区社会组织，扩大社区居民有序参与社区治理。第三，积极发挥社会工作者专业作用，建设一支颇具规模、结构合理的社会工作专业人才队伍。第四，注重发挥社区志愿者服务作用，大力发展社区志愿服务队伍，建设社区慈善（志愿）工作站，广泛动员社会力量参与社区慈善。其核心则是社区基金会等社区自治组织的建设。

在各个城市的社区基金会建设过程中，应抓住居民需求，推进多元共治。紧紧围绕社区扶贫济困、社区公共服务、社区公益事业等三个居民关注的重点领域，鼓励热衷于社区事务的企事业单位、社会组织和市民，以非公募的方式在本社区范围筹集资金、汇聚力量，通过居民议事协商程序，由居民确定实施项目，以社区居民自治组织、社区社会组织、专业社会工作人才、社区居民为主体，推进项目落实，让社会力量和社区居民在社区治理中真正发挥主体作用。在这里面具有代表性的项目，是龙华区"聚善家园"项目。

2017 年 12 月，"聚善家园"项目开始运作，将慈善业态导入社区治理体系，通过社区党委主导，运用慈善的方式整合社区资源，充分调动社区居民、社会组织以及社区企事业单位的深度参与，盘活社区闲置的物资、人力及场地空间等资源，积极创新社会慈善资源的组织化形式，探索激活社会慈善资源的方式方法，广泛凝聚社会贤达人士、民营企业、社会组织、社会工作者、社区志愿者等多方面力量，形成了推进社会慈善资源融入基层社会治理的强大合力。

就"社区慈善"具体运作模式来说，依托"聚善家园"整体项目，把"人心向善"的精神感召作为核心理念，打造"聚善日""聚善空间""聚善义工""社区基金"四元平台，推动慈善工作成为社区治理体系的重要一员，目前已基本形成社区化、日常化、规模化、特色化的社区慈善服务体系。"聚善日"是指每个月最后一个周日，当天在全区各个社区举办"公益集市"活动，发动居民参与进来，打造成为社区的"公益节日"。"聚善空间"是社区居民参与公益活动的重要阵地，在管理捐赠物资的同时，面向社区居民开放，提供"爱心温暖墙""爱心书架"等 50 余项服务项目。"聚善义工"主体是社区困难群众，为社区提供家电维修等义务服务，将服务时长量化为积分，可以在"聚善空间"兑换物资，让社区困难群众由"受助者"转变为"助人者"。"社区基金"由社区党委统筹，社区党群服务中心主导，爱心企业、社会组织、社区工作站、股份公司及爱心人士合力推动，取之社区反哺社区。

此外，社区慈善朝着多维化发展，创新"慈善 + 扶贫"模式，在对口扶贫的广西凤山县建设"聚善空间"基地，与本区"聚善空间"资源互通，为当地农产品创造稳定的外销市场，实现"生态进城、资源返乡"，跨空间拓宽慈善工作维度。该项目还和市场监督管理局共同发起"爱心篮"项目，将粮油米面等抽检合格食品靶向输送到"聚善空间"，捐赠给社区低保困难群众，实现存量公共资源的循环利用，跨领域拓宽慈善工作维度。

就社区慈善模式取得成效来讲，截至 2021 年，举办社区"聚善日"活动 1 478 场次，吸引社区居民和"聚善义工"参与逾 25 万人次；建设"聚善空间" 5 家，成立观城、北站、富康、清华、库坑和新澜等"社区基金"6 家，龙华 "一核四元多维"社区慈善模式获得肯定，《中国社会报》作了头版专题报道，让慈善力量真正成了社区公益服务体系的一支"生力军"，逐步实现社区资源、社区服务、社区公益力量、基层党心民心的大汇聚。

政府对于基金会的支持也是多方面的，包括加强规范化运作，引导慈善文化。深圳市出台《深圳市社区基金会工作指南》《深圳市慈善会社区冠名基金管理办法》等配套文件，建立了社区基金会募集资金的第三方托管监管和保值增值制度，保证社区基金会的规范化运作。社区基金会资金流转的公开透明，让募集人全程参与监督公益项目的推进，实在感受慈善义举的成果，形成慈善供给与受益的良性循环，有效推动"平等、互助、博爱、共享"的现代慈善文化和社会文明理念在社区的传播和弘扬，为激发社会参与基层社会治理活力打下坚实基础。社区基金会试点改革工作被评为"2015 年度深圳市全面深化改革优秀项目"。到 2017 年底，全市共登记成立社区基金会 27 家。

另一个由社区组织（主要是社区服务组织，而非社区基金会）的运作支持到社区治理的城市是成都市。2022 年 3 月，成都市民政局公布了 2021 年全市慈善示范社区（村）、慈善场景项目评估结果，通过项目创建、结项评估后确认了 46 个慈善示范社区（村），成都天府新区华阳街道的麓湖公园社区名列其中。其具体做法如下：

成立慈善社区工作小组。麓湖公园社区引入专业社工力量，联合社会组织成立了慈善社区工作小组，制定完善的工作管理制度，社区党委书记王燕担任组长，充分引导社区居民、在地商家、企业单位参与共建，邀请专业人员到社区进行指导和培训，保证了慈善社区工作小组顺利开展工作。工作小组包含 10 名小组成员，其中指导专家一名、专业社工 3 名、社区公益慈善积极分子 2 名，其余人员 4 名，并已形成完善的工作管理制度。

进行双基金慈善服务模式。麓湖公园社区在成立社区微基金的基础上，联动社区基金会，以双基金服务模式为社区带来更加完善、高质量的慈善服务。社区微基金拥有完善的制度机制，在社区慈善工作中发挥了重要作用。社区基金会充分挖掘和链接天府新区社区资源，积极助力社区慈善公益事业，推动在社区生活和工作的居民广泛参与公益慈善活动，是社区慈善公益活动的重要发起者、参与者与执行者。

培育志愿服务队伍。麓湖公园社区吸纳社区居民，联合本市的老年协会、老党员工作室等不同组织、不同年龄段群体，组建起两支慈善志愿者队伍。另外，社区还搭建起爱心联盟——麓泽，社区工作人员走访了辖区所有商家，最终吸纳12家商家加入爱心联盟，以慈善积分券兑换实物的微公益形式开展更为大规模、更为持久的社区公益。与此同时，社区积极宣传"奉献、友爱、互助、进步"的志愿者精神与慈善精神，社区注册志愿者现已达到426名，占社区常住人口的22.16%，累计服务时长6 000多小时、服务10 000多人次。在基层，志愿服务团队通过社区清洁日、社区文化节、邻里互助等形式，促进社区居民之间的交流沟通，为社区生活增添温度。

丰富慈善主题活动。麓湖公园社区充分调动企事业单位、社会组织、广大爱心人士的积极性，主要围绕爱老助老、青春助力、特殊关爱等主题，依托社区党群服务中心、健康小屋、社区基金会工作室等公共空间，针对老人、青少年儿童、退役军人、残障人士等特殊群体开展常态化的慈善服务、志愿服务，平均每月开展两次常态化慈善活动，群众的满意度较高。

另外，社区牵头挖掘社区资源，链接在地商家，解决特殊群体实际问题，为特殊人群提供上门服务。比如，在"爱成都迎大运"星麓杯足球联赛的颁奖仪式上，社区捐赠3 000元给花样女子足球队的3名家境困难的小女孩购买运动装备；在社区文化节上，开设慈善社区点位，邀请糖画匠人来到现场为居民们制作糖画，同时由居民自愿向社区微基金捐赠任意数额资金。

在社区服务组织的助力下，成都多个社区的基层政权组织也被盘活，成为基层治理的亮点。实际上，基层民主是全过程人民民主的重要体现。有了社区组织的参与，健全基层党组织领导的基层群众自治机制，加强基层组织建设，完善基层直接民主制度体系和工作体系，增强城乡社区群众自我管理、自我服务、自我教育、自我监督的实效，就有了抓手和路径。社区社会组织通过凝聚社会力量，助推治理能级提升，正从社会治理的"加分项"逐步变为治理体系和治理能力现代化的"必选项"。

第三节　案例：广州"社工＋慈善"
模式推进社区慈善

一、慈善的社区资源动员功能

　　无论在国内还是国外，城市社区的治理历来是社会治理中的难题，特别是超大城市的社区，其治下人口数量、结构和复杂性都对治理工作提出了挑战。以深圳特区为例，截至 2022 年 5 月，深圳全市下辖福田、罗湖、南山、盐田、宝安、龙岗、龙华、坪山、光明 9 个行政区和大鹏新区 1 个功能区，共有 74 个街道办事处，676 个社区，782 个居民委员会。而《深圳市 2023 年国民经济和社会发展统计公报》发布，2023 年末，深圳市常住人口为 1 779.01 万人，创历史新高。这意味着平均每个社区管辖人口约为 2.63 万。而城市特别是超大城市的治理难题表现在很多方面，包括：①居民结构复杂化，户籍倒挂严重，社区居民年龄、收入、户籍、知识水平、职业、政治身份、收入等结构都十分复杂，尤其是户籍人口与非户籍人口倒挂。②社区规模偏大，差异化明显。在一线城市里，面积大的社区达 30 多平方公里，社区平均面积近 3 平方公里；常住人口多的有 20 多万人，少的近万人。③社区类型多样，包括城市居住型社区、商业型社区、城中村社区、商住混居社区、村改居社区、工业社区。④社区发展水平不一。由于产业结构、地理环境等各种原因，社区之间发展水平很不平衡，特别是原特区内外社区仍存在较大差距。

　　为解决城市社区的治理问题，需要借助社区慈善作为基层社会资源的动员力量。但传统上，我国的社区慈善作为救助和保障困难群众基本生存问题的兜底性工作，在社区层面的宣传发动力度偏弱，对基层困难群众赋能不足，存在一定的工作局限性。为改变此种局面，2016 年出台的《慈善法》明确提出，要鼓励发展和推动社区层面的公益慈善及志愿服务；2017 年民政部颁布实施了《关于大力培育发展社区社会组织的意见》这一专项政策，着力发展包括登记注册和基层备案在内的各类社区社会组织。上述法律法规成为创新社区治理的依据。近年来，成都、深圳、广州、南京等超大城市都开始着力构建以加强社区党建为核心，以夯实社区服务平台为重点，以发展社区基金会为突破点，党委领导、政府主导、社会协同、公众参与、法治保障的基层社会治理新格局。[①] 而社区公益成为各个城市不约而同的选择。以此为依据，广州开始以"社工＋慈善"的战略推进社区慈善发展。

二、广州的慈善战略模式及执行

2019 年 5 月初，广州市民政局发布《广州市实施"社工＋慈善"战略工作方案》，聚焦以社区为单位，打造具有特色的"社工＋慈善"制度体系。具体内容包括：

（1）全市各社工站设立慈善捐赠站点。

（2）建设社区联合劝募平台。

（3）打造"社工＋慈善"品牌服务项目。市民政局要求承接基金运营的社工站和社区社会组织，根据日常工作中所掌握的社区需求和服务情况，每年为辖区内的困难家庭、孤寡老人、困境儿童、残疾人等策划 3～5 个小微项目，开展社会工作专业服务。

（4）实施"社区公益微创投"活动。此类活动经常将社区公共环境治理等公共议题作为目标。在解决社区问题的过程中，社区公益创投活动作为社区发展的软性建设，与社区硬件更新同等重要甚至还更重要，它是增强百姓参与感、获得感和幸福感的重要路径。

（5）发展社区慈善基金。这是方案中的重点，即鼓励镇街设立发展社区慈善基金（会），聚集公益资源，让市区慈善会、企业、个人、社工机构等多元主体共同参与，从资金募集、资源链接、服务提供、专业支持等方面搭建社区慈善平台，助力基层社区治理。

（6）推动社区志愿服务实施。结合项目开展，就地化招募、培育 50 名以上社区志愿者，建立 5 支左右服务"一老一小"、扶弱济困、社区治理等领域的专

---

① 广东省深圳市民政局. 加强社区党建　引导多元参与　着力探索基层社会治理新路径. 中国民政，2016（2）：36，52.

业志愿者队伍，综合运用自治、法治、德治方式，不断延伸服务触角，合力推动社区精准治理。

（7）尽快明确公益慈善组织的资质标准，推动合法合规有能力、有条件的公益慈善组织参与社会治理。完善社会力量参与基层治理激励政策。多角度、多层次吸引社会慈善资源进入社区，为社区公益慈善事业发展提供基础。建立社区购买社会工作服务机制和设立社区基金会等协作载体。完善基层志愿服务制度，提高志愿服务水平。

社区公益在中国有着一定的社会基础，但在社会转型过程中也面临不少问题，主要体现在现代性社区公益起步晚、制度支持乏力、多元主体参与度和合作度较低等。这就需要引入更多的专业人才和社会组织提供有温度的公益服务和具有整体性的社区治理方案，同时要充分挖掘和培育社区志愿者和慈善资源。

目前广州社区慈善依托已有的社区体系已建成覆盖广州全市镇街社工站的服务阵地、专业队伍和工作网络，并将组织培育、志愿服务、资源链接等内容纳入社工站主要职责和绩效评估指标中，形成"项目带动＋社工专业协作＋社区多元资源动员和支持"的核心运作模式。

在这种模式下，广州的社区慈善通过四个要素的构建而发展，包括：培育慈善主体、强化公益资源、推动"五社联动"机制实质化落地、促进慈善文化发展等。

在培育慈善主体方面，广州发挥了社区社会组织特别是枢纽型慈善组织的作用，2021年开始实施的《广州市慈善促进条例》明确提出推动社区慈善发展的举措。如《广州市慈善促进条例》第二十六条规定："镇人民政府、街道办事处可以与社会工作服务机构、志愿服务组织、具有公开募捐资格的慈善组织等单位合作，采取在社区依法设立慈善捐赠站点和社区慈善基金、组织社区居民参与互助互济活动等方式，开展社区慈善活动。"

在强化公益资源方面，"社工＋慈善"模式可以强化有形资源，关注无形资源；加快推进慈善大楼筹建，发展慈善空间，加强人才队伍建设；强化慈善救助，引导慈善力量参与乡村振兴，落实特殊困难群体兜底保障慈善救助服务；在聚焦社区慈善方面，广州从政府到社区社会组织，纷纷将资源投注到社区公益，已形成一股风潮。千禾社区基金会是中国第一家社区基金会，在广东省注册，其理事长为了更深入地理解社区问题，做好社区服务，亲身到柯木塱社区驻点达一年之久，为更好地利用基金会的资源服务社区进行了大量的研究工作。

在推动"五社联动"机制实质化落地方面，广州"社工＋慈善"模式本身就是一种有效的融合发展的机制，不但提升了社区慈善基金运营能力，推动了社区公共型慈善发展，而且促进了传统和现代慈善精神相结合，传播了慈善文化。其原理是，当每个人都觉得自己是好人的时候，做坏事的心理成本就越来越高，那么社会就趋向文明；当每个人都愿意参与社会问题的时候，主人翁意识就会更强，那么社会就走向文明社会。而这些都需要不断参与和练习培养才能实现。

三、孤独症儿童如何融入社区

在社区社工们看来，孤独症儿童最困难的时候不是在医院，而是在社区、学校和就业机构，即如何能够在日常生活中正常地融入社会，成为社会的一员。本书开头提到的"喜憨儿"项目即是针对大龄孤独症人士所采取的新型就业方式。但除了大龄孤独症人士之外，目前广州的孤独症儿童有上万名，他们在社会生活中的融入程度也较低，和其他人显得格格不入，而某些社区甚至对孤独症人士有排斥的倾向。由此形成了基层社会矛盾和治理难题。

戴榕是一名孤独症青年家长，也是广州市扬爱特殊孩子家长俱乐部理事长。她曾经对记者表示："过去，很多家长就像救火员一样，一天接到学校关于孩子又闹事的电话好几个，立马就要赶去学校，又或者，学校实在不知道怎么'安置'这个个性特别的孩子，如何推动随班就读一直是个难题。"同时，当孩子完成九年义务教育，他们该何去何从？"这在过去很长一段时间，也是一个大问题。"①

这两个问题都是由公益组织推动解决的。2008 年，为了推进特殊教育事业发展，扬爱联合广州市少年宫特教中心发起了"融爱行——特殊孩子随班就读支持计划"，在 2013 年前后，扬爱的家长会员们通过数据调研，收集了当时特殊人士的教育及就业情况，并向有关部门表达诉求，得到各方积极回应。那一次，广州市教育局首次在 3 所职业学校开办启能班，让轻度智障和孤独症学生接受中职教育，在全国范围内率先实现了轻度智障和孤独症学生职业教育零的突破。

---

① 王希文，王梦华．精准救助：每一个群体都需要被看见．慈善公益报，2022－04－29.

在孤独症儿童的项目上，慈善的意愿和资源，与孤独症融入社会的专业人士的能力相结合，成就了孤独症儿童融入社会难的问题的解决。可以说，广州的"社工＋慈善"模式是以公益慈善推进基层治理体系建设的一个典范模式。其他如成都、深圳等城市都有着各自的社区治理模式和治理经验。而多种多样的基层治理模式也表明，现代治理理念必须因应不同的社会发展状况和不同的国情而变化。正如习近平总书记所提出的，坚持把完善和发展中国特色社会主义制度、推进国家治理体系和治理能力现代化作为全面深化改革的总目标。

中国作为一个人民当家作主的社会主义国家，其治理制度设计便是在以人民为中心、多元共治、社会力量参与治理、权利保障等观念之上而展开的，并且制度的执行也必须体现这些观念的实践。例如，现代国家之所以会有立法代议制，便是人民主权的体现；之所以会有选举体制，便是体现多数决定原则；之所以会有宪法，就是为了规定政府和人民各自的权利和行为边界；而民主参与理念的体现则是人民当家作主的要求，以及民主政治不满足于代议制被少数利益集团影响而推动直接民主的结果。

中国的政治经济发展进程一再凸显了人民群众首创精神的重要性。秉持这一优秀传统，中国的社区治理需要更多的治理创新。2022年，党的二十大报告提出在社会基层坚持和发展新时代"枫桥经验"，畅通和规范群众诉求表达、利益协调、权益保障通道，完善网格化管理、精细化服务、信息化支撑的基层治理平台，健全城乡社区治理体系。由此可见，全社会对于以公益治理为代表的社会治理创新的需求已扩大呈现，社会治理创新的政策法律环境也正在日益优化，公益治理可望在多个领域发挥重要作用。

2024年，就在本书即将付梓之时，笔者亲眼见证了新的社区力量介入孤独症儿童事业之中。

其实，孤独症人士在实际生活中，最难的问题就是如何融入社区。在过去几十年里，基层政府也做了很多工作，但还是经常出现孤独症儿童被本地社区排斥的情况：一些学校的家长抗议学校允许孤独症儿童入学进行融合教育，和自己的孩子编到一个班；甚至还有一些社区的住户对心智障碍儿童有误解，组团到开发商和物业那里讨说法，排斥孤独症儿童的家庭成为自己的邻居。这些情况都说明了基层治理的复杂性和困难度。

广东省廖冰兄人文艺术基金会一直致力于用教孩子画画的方式，对孤独症儿童进行艺术疗愈，其合作伙伴是广州市少年宫。其所在地海珠区、当地街道等基层政府通过提供场地、宣传倡导、鼓励社区支持等方式，对这个项目提供了许多资源。而基金会也通过耐心的教育和宣传，让更多的社区力量进入这个领域，让孤独症人士及其家庭能够更好地融入社区。

这个项目持续 20 多年，颇有成效。其中有一个孤独症孩子阿璞极有艺术天赋。他在 1998 年的时候就给廖冰兄老先生送过一批表现世界交响乐的黑白画，将李斯特、圣桑、施特劳斯、柴可夫斯基的音乐作品用点、线、面变换无穷的画作表现出来，让人感觉到音乐和生命的律动。廖冰兄老人当时写了四个大字"无音之乐"送给阿璞。这些画作后来被市场认可，阿璞的一幅画卖到了几万元的价格。阿璞不但在艺术创作中找到了人生的意义，也用这些画实现了经济上的独立。

直到 2020 年 6 月，43 岁的阿璞走完了非同一般的人生。多年来阿璞创作的画作达到 4 000 多幅。阿璞的父母说他走得很安详，度过了幸福的一生。并且他早在 2016 年就立下遗嘱，要将此前拍卖画作所得的 60 万元，捐献出一半给廖冰兄人文艺术基金会，专门设立"璞玉计划"，用于特殊青少年的艺术教育。2020 年 9 月这个专项基金成立，如今已使得上百名孤独症儿童受益。很多孤独症儿童通过艺术教育疗愈了自身、开发了潜能，也融入孤独症康复网络中去。但这还不是故事的结局。

2024 年 3 月，璞玉计划在广州珠江边举办了一次大型的孤独症画家的艺术展览。起因是随着这些接受艺术教育的孤独症儿童的长大成人，原有的少年宫体系已经不适合他们，廖冰兄人文艺术基金会又开始积极地为这些"孩子"寻找其艺术作品的出路。这次孤独症画家艺术展览非常成功，展览所在的工业园区内的很多企业原本对于孤独症，特别是大龄孤独症人士并无多少了解，但都在这次活动后深受感动，纷纷慷慨解囊，购买这些出自孤独症艺术家的画作。园区的开发商、物业和业主也主动和基层政府、基金会对接，表达了要将这些支持常规化的想法。孤独症人士和他们的家长欣慰地看到：这个社会对于孤独症人士的帮助，又增加了新的资源、新的力量。

综观上述发生在新时代的社会治理创新举措，不难发现，其创新的基点均是在面对社会问题时，真诚地秉持公益慈善理念、动员社会各界资源并加以整合、采用技术创新或模式创新的方式，通过激发社会成员的潜力来解决问题。在本书所提及的案例中，从壹基金等民间力量参与救灾的模式创新，到红树林相关的社会资源人文动员，再到璞玉计划的建立孤独症艺术疗愈网络，公益慈善组织总是能够通过公益慈善的理念和手段，在维护基层秩序和动员基层社会力量这两者之间找到平衡点，并有能力解决政府一直关注的社会问题，从而也受到各级政府部门的支持。有理由期待，中国社会治理在走向善治的过程中，将通过持续的治理创新而实现自治、法治和德治之间的平衡，为中国人创造良善美好的生活方式。